NATURFÜHRER SYLT

FRANK RUDOLPH

NATURFÜHRER SYLT

STRANDFUNDE UND WIE ICH SIE BESTIMMEN KANN

ELLERT & RICHTER VERLAG

DANKSAGUNG

Vielen Dank an alle, die durch Funde, Fotos, Bestimmungshilfen, Diskussionen, Hinweise und Korrekturen zum Gelingen des Buchs beigetragen haben:
Petra Arff (Steinfeld), Dirk Gille (Kassel), Erik Izaks (NL / Almelo), Sten Lennart Jakobsen (Geomuseum Faxe), Uwe Kankel (Schwentinental), Dr. Roland Klockenhoff (Keitum), Tom Koops (NL / Emmen), Martin Lange (Westerland), Edda Raspe (Morsum), Jana Rudolph (Kiel) und Gerhard Stein (Lüneburg).

BILDNACHWEIS

Die abgebildeten Funde stammen aus den Sammlungen Dr. Roland Klockenhoff (Keitum), Dr. Frank Rudolph (Steinfeld), Adolf Schenck (Raisdorf), Arnold Schmidt (Morsum), Peter Schumacher (Kiel), Nann Söderberg (Keitum) und Gerhard Sörensen (Westerland). Die Stücke der letztgenannten sechs Sammlungen werden im Eiszeit-Haus des Naturwissenschaftlichen Museums in Flensburg aufbewahrt.
Bildagentur Huber, Garmisch-Partenkirchen: 6, 13, 17, 21, 23, 25 o., Bild Rückseite;
Georg Quedens, Norddorf / Amrum: 29 o.; Titelbild Mitte: iStock

IMPRESSUM

Bibliographische Information der Deutschen Nationalbibliothek
Die Deutsche Nationalbibliothek verzeichnet diese Publikation in der Deutschen Nationalbibliographie; detaillierte bibliographische Daten sind im Internet über http://dnb.d-nb.de abrufbar.

© Ellert & Richter Verlag GmbH, Hamburg 2025
Borselstr. 16c
D-22765 Hamburg
info@ellert-richter.de

ISBN 978-3-8319-0875-2

Text & Fotos: Frank Rudolph, Steinfeld
Lektorat: Ricarda Rowold, Hamburg
Gestaltung: BrücknerAping, Büro für Gestaltung, Bremen
Gesamtherstellung: ADverts printing house, Riga, Lettland

www.ellert-richter.de
www.facebook.com/EllertRichterVerlag
www.instagram.com/ellert_richter_verlag

INHALTSVERZEICHNIS

Im warmen Wasser der Urnordsee ziehen riesige Wale ihre Kreise, Haie gehen in den fischreichen Gewässern auf Jagd. Muscheln und Schnecken besiedeln den schlammigen Untergrund des 100 m tiefen Meeres, kleine Krebse laufen auf Beutesuche über den Meeresboden. Feinkörnige Sedimente türmen sich auf und schließen die einstigen Meeresbewohner ein. Das Meer zieht sich zurück, die Küste rückt näher. Wellen spülen über den sandigen Strand. Eisen taucht den Sand in ein leuchtendes Orange. Von Nordosten her führt ein riesiges Flusssystem gewaltige Wassermassen heran, mit ihnen elfenbeinfarbenen Sand und eine Armada kleiner weißer Quarzgerölle, die sich am Strand in breiten Bändern ablagern. Dann wird es immer kälter, Gletscherzungen schieben sich vorwärts, dringen tief in den Untergrund ein, falten Sedimente auf und zerscheren die Schichten mehrfach. In ihrem Inneren bringen sie Gesteinsmassen aus den nordischen Ländern mit sich. Findlinge werden zu Sand zerrieben, Steine zerquetscht. Dann wird es wieder ruhig, der 300 m mächtige Eispanzer taut ab und Schmelzwasser lagert Sand und Steine fern ihres Ursprungs ab. Aus Richtung des sich zurückziehenden Gletschers wehen eisige Fallwinde über das Land, wirbeln den feinen Schmelzwassersand auf, schleifen mit harten Strahlen scharfe Kanten in die heimatlosen Steine. Das Klima kommt zur Ruhe, doch der Schein trügt. Sturmfluten brechen über das neu gewonnene Land herein, zerreißen es in Stücke, Städte versinken. Übrig bleibt am Ende ein kleines, sturmumtostes Eiland mitten in der Nordsee, das noch immer Wind und Wellen trotzt, umgeben von einem Lebensraum der Extreme.

Heutzutage kann man auf Sylt überall Spuren seiner bewegten Geschichte entdecken. Ein Spaziergang am Spülsaum lässt die Artenvielfalt des Wattenmeers erahnen. Sylts Strände sind eine wahrhafte Schatzkiste, die Gegenwart und Vergangenheit gleichermaßen offenbart. Dieses Buch möge eine Hilfestellung sein, eigene Funde von Strand und Küste zu bestimmen, Geheimnisse zu entdecken und dazu anregen, Sylt mit offenen Augen zu erkunden und seine einzigartige Natur zu bewahren.

Bild: Rotes Kliff, Kampen.

SYLT IM ÜBERBLICK

Sylt ist die größte der schleswig-holsteinischen Nordseeinseln und nach Rügen, Usedom und Fehmarn die viertgrößte deutsche Insel. Sie ist von Nord nach Süd 38 km lang. Die mit 320 m schmalste Stelle befindet sich am Königshafen bei List, zwischen Westerland im Westen und der Nössespitze bei Morsum im Osten misst die größte Breite 12,6 km. Die Fläche beträgt 99,14 km², der Umfang 107 km. Sylt liegt etwa 20 km vor der deutsch-dänischen Küste, Nösse aber nur 8 km vom Friedrich-Wilhelm-Lübke-Koog entfernt. Der Hindenburgdamm, der Sylt mit dem Festland verbindet, ist 11,3 km lang, davon verlaufen 8,1 km durch das Wattenmeer. Der Abstand zur dänischen Nachbarinsel Rømø beträgt etwa 4 km. Der nördlichste Landpunkt Deutschlands liegt auf dem Ellenbogen.

Die mit 10 Millionen Jahren ältesten Ablagerungen der Insel sind am Morsum-Kliff aufgeschlossen. Am Roten Kliff bei Kampen treten 475.000 Jahre alte Schichten der Elster-Kaltzeit zutage. Den Inselkern bilden zwischen Kampen, Westerland und Morsum Ablagerungen der Saale-Kaltzeit. Südlich von Westerland, Keitum und Morsum sowie entlang der Ostküste findet sich junges Marschland. An Sylts Westküste verläuft ein 35 km langer Sandstrand.

Auf Sylt gibt es 12 Natur- und 8 Landschaftsschutzgebiete, sowie 7 Fauna-Flora-Habitate. Weite Flächen sind von einer einzigartigen Dünen- und Heidelandschaft geprägt. Die höchste Erhebung mit 52,50 m ist die Uwe-Düne. Die größte Wanderdüne Deutschlands liegt westlich von List.

Silt / Sild oder nordfriesisch Söl wurde im Jahr 1141 erstmals urkundlich erwähnt. 100 Jahre später findet sich der Name Syld im Erdbuch des dänischen Königs Waldemar II. Damals war Sylt noch mit dem nordfriesischen Festland verbunden. Seit der Zweiten Marcellusflut im Jahr 1362 ist Sylt eine Insel. Seit dieser Zeit formten Wind und Wellen die typische langgestreckte Gestalt heraus.

Sylt hatte Ende 2023 18.299 Einwohner, von ihnen wohnen rund 15.000 dauerhaft auf Sylt, etwa 9000 davon in Westerland, hinzu kommen etwa 11.000 Zweitwohnungsbesitzer. Sylt zählt etwa 4 bis 5 Millionen Übernachtungen im Jahr. Ende des 18. Jahrhunderts gab es unter den 2.500 Einwohnern Sylts 100 Kapitäne.

Unzählige Strandfunde, Pflanzen und Tiere, Millionen Jahre alte Fossilien und eiszeitliche Hinterlassenschaften zeugen von Sylts einzigartiger Natur.

Bild: Leuchtturm, Kampen.

DIE ENTSTEHUNG VON SYLT

Die geologische Geschichte der Insel Sylt beginnt vor 10 Millionen Jahren. In einem 40 bis 100 m tiefen, warmen Meer wurde der sehr feinkörnige, fast schwarze **Glimmerton** abgelagert (S. 132). Die Mächtigkeit der Ablagerungen beträgt 30 bis 50 m, in Jütland bis 100 m. Der Meeresspiegel senkt sich vor etwa 8,5 Millionen Jahren ab, sandige Lagen schalten sich in den Ton ein. Der Glimmerton geht in den **Glimmerfeinsand** über. Die Verbreitung des Glimmertons reicht über Schleswig-Holstein bis nach Mecklenburg-Vorpommern hinein.

Gegen Ende des Miozäns vor etwa 5,3 Millionen Jahren wurde die Urnordsee flacher, es bildeten sich Strandablagerungen mit groben Geröllbändern der Brandungszone. Eisenhaltige Lösungen verkitteten die losen Sande zu einem festen **Siderit-Sandstein**, der sich später in Eisenkarbonat (Limonit) umwandelte (S. 146). Der **Limonit-Sandstein** dominiert bei tiefstehender Sonne in einem leuchtenden Orange das Morsum-Kliff. Schließlich zog sich das Meer weit nach Westen zurück.

Ein riesiges Flusssystem, der **Baltische Urstrom**, brachte große Mengen an feldspatreichem Sand und groben Quarzgeröllen aus dem Baltikum bis nach Sylt und schüttete so die weißen bis elfenbeinfarbenen **Kaolinsande** auf, die wir heute am Morsum-Kliff und am Weißen Kliff, an wenigen Stellen an der Basis des Roten Kliffs und im Rantum-Becken finden. Mit ihnen kamen **Lavendelblaue Hornsteine** und **verkieselte Schwämme** aus dem Ordovizium, 450 Millionen Jahre alt, eine geologische Besonderheit (S. 154 ff).

Dramatische Klimaveränderungen hatten zur Folge, dass sich Kalt- und Warmzeiten (Glaziale und Interglaziale) abwechselten. Die **Elster-Kaltzeit** begann vor rund 475.000 Jahren. Vereinzelt liegen am Fuß des Roten Kliffs Ablagerungen dieser ältesten Eiszeit frei. Vor 370.000 Jahren erwärmte sich das Klima zunächst wieder. Die **Holstein-Warmzeit** dauerte bis vor 347.000 Jahren. Dann brach die **Saale-Kaltzeit** herein, die erst vor 128.000 Jahren zu Ende ging und die alten Geestkerne im Zentrum der Insel hinterließ. Es folgte die **Eem-Warmzeit**. Die Gletscher der **Weichsel-Vereisung** (10.200 bis 115.000 Jahre) erreichten Sylt nicht mehr.

Die jüngsten Ablagerungen Sylts sind **Marschland**, das sich entlang der Ostküste und südlich der Linie Westerland-Morsum findet. Neu gewonnenes Land sieht man eindrucksvoll bei der Fahrt mit dem Sylt-Shuttle oder dem Autozug nördlich und südlich des Hindenburgdamms.

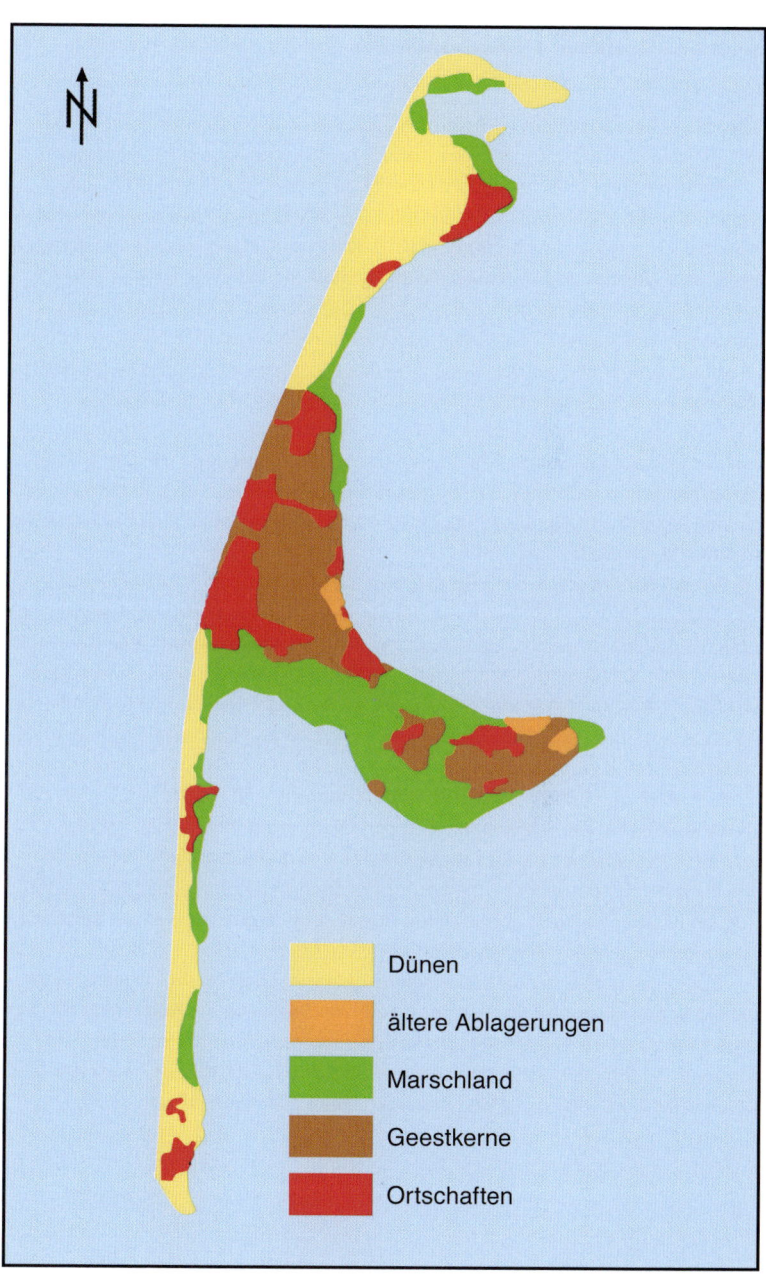

Dünen

ältere Ablagerungen

Marschland

Geestkerne

Ortschaften

INSELN UND HALLIGEN

Schleswig-Holstein hat sieben Inseln und zehn Halligen. Davon ist Fehmarn die einzige Insel in der Ostsee und Helgoland Deutschlands einzige Hochseeinsel.

Halligen sind Marschland, dem Meer abgerungen, nicht eingedeicht und regelmäßig von Wellen überspült. Ein ständiger Kampf gegen die Naturgewalten, mit künstlich aufgeschütteten Warften (Bild: Kirchwarft, Hallig Hooge), auf denen die Häuser stehen und die oftmals die einzigen Erhebungen sind, die in sturmumtosten Zeiten dem Blanken Hans trotzen. Die ältesten dieser meist runden, gelegentlich auch länglichen Siedlungsplätze wurden schon im 3. Jahrhundert vor Christus angelegt und werden stetig erneuert, befestigt und erhöht. Die größte Warft mit 3 Hektar Fläche ist die Hanswarft auf der Hallig Hooge. Die jüngste Warft, die Neupeterswarft, wurde 1896 nach fünfjähriger Bauzeit fertiggestellt und befindet sich auf Langeneß. Alle deutschen Halligen (Langeneß, Hooge, Gröde, Oland, Nordstrandischmoor, Hamburger Hallig, Habel, Norderoog, Süderoog und Südfall) liegen in der Nordsee. Sieben von ihnen sind bewohnt, aber nur Norderoog trägt keine Warft.

Zu den nordfriesischen **Inseln** gehören Sylt, Amrum, Föhr, Pellworm und die Halbinsel Nordstrand. Sie alle entstanden, genau wie die meisten Halligen, im Laufe der letzten Jahrhunderte durch große Sturmfluten wie der Zweiten Marcellusflut 1362 und der Burchardiflut 1634, die die küstennahen Landmassen zerrissen. So wurden aus der Insel Strand mit der sagenumwobenen versunkenen Siedlung Rungholt schließlich Nordstrand, Pellworm und Nordstrandischmoor. Diese Inseln sind eingedeicht.

Sylt, Föhr und Amrum besitzen einen **Geestkern**, also Ablagerungen aus der vorletzten Eiszeit, der Saale-Kaltzeit. In den Geestkernen findet man von den eiszeitlichen Gletschern transportierte Gesteine mit baltoskandischer Herkunft und auch die weiten Sandstrände sind nichts anderes als zerriebene Felsbrocken skandinavischer Herkunft. Alle anderen Inseln sowie sämtliche Halligen bestehen aus jungem, nacheiszeitlichem Kleieboden.

Sylt ist die größte der deutschen Nordseeinseln. Eindrucksvoll angeschnitten sieht man den Geestkern Sylts in der mächtigen Steilküste am Roten Kliff. Sylt ist zudem die einzige Insel, auf der auch präglaziale Ablagerungen zu finden sind: der bis zu 10 Millionen Jahre alte Glimmerton, der 5 bis 7 Millionen Jahre alte Limonit-Sandstein und der 2 bis 5 Millionen Jahre alte Kaolinsand.

DIE NORDSEE

Vor rund 50.000 bis 70.000 Jahren, zum Höhepunkt der letzten Eiszeit, bedeckten gewaltige Gletscher Nordeuropa. Der skandinavische Schild war von bis zu 3.000 m mächtigen Inlandeismassen bedeckt. Rund 70.000.000 km³ Wasser, so die Schätzungen, waren weltweit in weichseleiszeitlichen Gletschern gebunden – etwa dreimal so viel wie heute. Die Folge: Der Meeresspiegel lag rund 100 bis 120 m unter dem heutigen Niveau. Die Nordsee war ausgetrocknet, der Weg nach England frei. Als sich die nordischen Gletscher vor etwa 14.000 Jahren zurückzogen, drang das Schmelzwasser in das Nordseebecken ein. In den folgenden 5.000 Jahren stieg der Meeresspiegel um 50 m an. Vor 9.000 Jahren erstreckte sich die Küstenlinie von der Humbermündung an der Ostküste Mittelenglands bis nach Eiderstedt. Vor 5.000 Jahren lag der Meeresspiegel noch 10 m unter dem heutigen Niveau. Schließlich wurde mehr Sediment eingetragen, als durch eindringendes Wasser ausgeglichen werden konnte. Der Meeresboden fiel nur um wenige Zentimeter pro Kilometer ab. Auf diesen weiten Flächen konnten sich die feinen Sand- und Tonpartikel ablagern. Vor rund 4.000 Jahren wurde somit die Entstehung des Wattenmeers eingeleitet. Heute ist die Fläche zwischen dem Ijsselmeer in den Niederlanden bis zur Fanøbucht in Dänemark das größte Wattgebiet der Erde. Ebbe und Flut und damit das regelmäßige Trockenfallen weiter Meeresgebiete charakterisieren einen Lebensraum der Extreme. Und dennoch leben im Wattenmeer rund 4.000 Tier- und Pflanzenarten. Viele davon sind endemisch, d. h. sie kommen nur in diesem Ökosystem vor.

Die Nordsee ist ein flaches Schelfmeer. Sie hat eine durchschnittliche Wassertiefe von 40 m, die aber im Norden auf mehr als 200 m absinken kann. Im Skagerrak wurde sogar eine Tiefe von 700 m festgestellt.

Geologisch gesehen ist die Nordsee schon 180 Millionen Jahre alt. In dieser Zeit war der Nordseeraum regelmäßig von Meer überflutet, aber genauso häufig auch landfest.

Der Salzgehalt in der Nordsee beträgt 30 bis 34 Promille. Der Wassereinstrom aus dem Atlantik erfolgt in der Hauptsache von Norden her; aber auch über den Ärmelkanal erreicht frisches Wasser die Nordsee. Durch Sonneneinstrahlung entsteht in den Sommermonaten in 30 bis 40 m Wassertiefe eine Sprungschicht, die das warme Oberflächenwasser vom kühleren Tiefenwasser trennt und eine Durchmischung verhindert. Erst im Herbst sinkt das nähr- und sauerstoffreiche Oberflächenwasser ab.

WATTENMEER

Die **Gezeiten** entstehen durch die Anziehungskraft des Mondes und die Fliehkraft der Erde. Ebbe und Flut wechseln sich dabei etwa alle sechs Stunden ab. Auf Sylt beträgt der Tidenhub, also der Unterschied im Pegelstand zwischen **Niedrigwasser** und **Hochwasser**, im Durchschnitt etwa 2,80 m, weiter östlich sind es nur noch wenige Zentimeter. Das **Wattenmeer** erstreckt sich von den Niederlanden bis nach Dänemark und umfasst eine Fläche von etwa einer Million Hektar. Sand- und Schlickwatt, Priele, Sandbänke, Strand, Dünen und die Salzwiesen bilden gemeinsam eine der letzten großen Naturlandschaften Europas. Ein Lebensraum der Extreme, wo sich das Wasser regelmäßig zurückzieht und das freigelegte Land wenige Stunden später wieder überflutet, und doch leben hier 10.000 verschiedene Pflanzen- und Tierarten.

Der 4.500 km² große **Nationalpark** Schleswig-Holsteinisches Wattenmeer ist seit 2009 UNESO-Weltnaturerbe. Geführte Wattwanderungen bringen interessierten Naturfreunden die Vielfalt des Lebens und die Besonderheiten dieses einzigartigen Ökosystems nahe.

Bei niedrigem Wasserstand und in Abhängigkeit von Strömung und Windrichtung können Teile des Nordseebodens trockenfallen. Die Sandflächen liegen dann einige Zentimeter oder Dezimeter über dem Wasserspiegel. Man spricht in diesem Fall von einem **Windwatt**. Derartige Trockenzeiten können Stunden, Tage oder auch Wochen andauern. Viele Tiere graben sich in diesen Perioden tief in das Sediment ein, um sich vor dem Austrocknen zu schützen.

Sandbänke sind per Definition Untiefen in den flachen Küstengewässern, die ständig von Wasser überspült sind. Es handelt sich um meist sandige oder kiesige Inseln unterhalb des Meeresspiegels mit einer Mächtigkeit von mindestens 30 bis 40 cm. Nur so kann sich dort eine typische Weichbodengemeinschaft ansiedeln, die vor allem aus Sandklaffmuscheln, Herzmuscheln, Ringelwürmern und Krebsen besteht. Für Vögel und Plattfische und besonders auch Seehunde und Kegelrobben sind Sandbänke wichtige Ruhezonen und ergiebige Futterplätze. Sandbänke sind in der Regel nicht oder nur sehr spärlich von Algen oder Seegras bewachsen.

Bild: Watt bei der Megalithanlage Harhoog in Keitum.

VOM WINDE VERWEHT

Wer an die Nordsee und den Strand denkt, der träumt von weißem **Sand**. Wie wir wissen, haben die Gletscher der Eiszeit große Teile der Gesteinsfracht, die sie in Skandinavien aufgenommen haben, unterwegs zu Sand zerrieben. Übrig blieben am Ende nur winzige Quarzkörnchen. Schmelzwasser hat den Sand vor dem sich zurückziehenden Gletscher abgelagert. Schließlich wurde der Sand ausgewaschen und an der Küste abgelagert, wo er heute Kindern als Spielplatz dient und wo Erwachsene Erholung finden. Dünen bedecken heute fast ein Drittel der Insel.

Sylts höchste Erhebung, die **Uwe-Düne**, ist 53 m hoch. Von hier aus hat man einen fantastischen Weitblick über die Dünenlandschaft von Sylt.

Trockener Sand wird vom Wind aufgewirbelt und verweht. Er lagert sich zunächst oberhalb der Hochwasserlinie ab, wo er die Vordüne bildet. Während der Spülsaum durch die verrottenden Algen nährstoffreich ist, ist der aufgewehte Quarzsand sehr arm an Nährstoffen, aber reich an Salz. Hier finden lediglich Meersenf, Kali-Salzkraut oder Salzmiere einen geeigneten Lebensraum. Die **Vordünen** (Bild) können bei hohen Fluten überspült werden.

Zwischen Strandhafer und Binsen-Quecke fängt sich aufgewehter Sand, der sich meterhoch auftürmen kann und die **Weißdüne** hervorbringt. Das reich verzweigte, bis in 12 m Tiefe reichende Wurzelsystem der Gräser festigt den Sand. Erste Formen der Bodenbildung sind erkennbar. Neben den Dünengräsern wachsen auf der Weißdüne Pestwurz, Strand-Stiefmütterchen und Stranddistel. Weißdünen können bis zu 100 Jahre alt sein.

Auf die Weißdüne folgt die **Graudüne**. Hier ist die ständige Übersandung weitgehend zur Ruhe gekommen. Auf dem Sand hat sich eine dünne Humusschicht gebildet. Sand kann Wasser und Nährstoffe kaum speichern. Trotzdem findet sich auf der Graudüne die reichste Pflanzenwelt des Dünengürtels. Verschüttete Muschelschalen können den Kalkgehalt erhöhen und die Siedlungsgrundlage für kalkliebende Pflanzen schaffen. Neben Strand-Beifuß, Mauerpfeffer und Grasnelke gedeiht hier auch die Kartoffelrose. Flechten und Moose können den Boden lückenlos bedecken.

WANDERDÜNEN

Später siedeln sich Sträucher und Bäume an. Kriechweide, Tüpfelfarn und Kiefern sind charakteristische Pflanzen der **Braundüne**. Die Bodenbildung schreitet fort, jedoch ist der Kalk weitgehend ausgewaschen. Durch die Einlagerung von Huminsäuren entsteht ein saurer Podsol-Boden.

Dort, wo sich auf den Grau- und Braundünen Krähenbeere und Heidekraut ansiedeln, bilden sich ökologisch bedeutungsvolle **Küstendünenheiden**.

An der windabgewandten Leeseite von Grau- oder Braundüne können durch Windabtrag **Dünentäler** eingetieft werden, in denen sich Grund- und Regenwasser sammelt. Es entstehen wertvolle Kleingewässer, in denen sich Sauergräser wie Seggen und Binsen ansiedeln und Amphibien wie die Kreuzkröte einen Lebensraum finden. Feuchte Dünentäler können vermooren. Aber auch durch Windausblasung an der Luvseite bis zum Grundwasser können Dünentäler entstehen.

Deutschlands letzte **Wanderdünen** befinden sich westlich von List im Norden der Insel (Bild). Sie bewegen sich vom Wind getrieben mit einer Geschwindigkeit von durchschnittlich 3 bis 4 m, maximal bis 10 m im Jahr immer weiter nach Osten. Die Lister Wanderdünen sind 8 km lang, 7 km breit und bis zu 30 m hoch.

Wanderdünen können durch Bepflanzung mit tiefwurzelndem Strandhafer stillgelegt werden, andererseits können Dünen durch Entfernen der Vegetation wieder mobilisiert werden. Wanderdünen können Straßen und Gebäude übersanden und der Nutzung entziehen.

Im Norden von List gibt es eine Aussichtsdüne, den „Dünenbalkon". Von hier aus hat man einen fantastischen Blick über die Wanderdünen-Landschaft. Die Wanderdünen selbst stehen seit 1923 unter Naturschutz, ihr Betreten ist strengstens verboten.

GEESTHEIDE

Die einst großen Heideflächen in Schleswig-Holstein, die 1850 noch 17 Prozent der gesamten Landesfläche betrugen, sind heute auf 0,5 Prozent zurückgegangen. Mehr als die Hälfte aller Heidegebiete befinden sich auf der Insel Sylt. Die größte zusammenhängende Fläche liegt im Osten der Insel zwischen Braderup und Keitum. Hier erstreckt sich auf 137 Hektar die **Geestheide**, die im August zu voller Pracht erblüht. Die Braderuper Heide (Bild) ist zweifelsohne eines der schönsten Naturschutzgebiete der Insel. Sie wurde 1979 unter Schutz gestellt.

Eine 6 Hektar große Heidefläche, deren Renaturierung gerade begonnen hat, liegt südlich von Munkmarsch unweit des Flughafens. Weitere Gebiete gibt es bei List, Keitum, Wenningstedt und Morsum. Aber auch in den weiten Dünenfeldern finden sich immer wieder Heidepflanzen.

Neben der bekannten violett blühenden Besenheide zählen auch die Glockenheide mit rosafarbenen Blüten und die Schwarze Krähenbeere zu den Heidekrautgewächsen. Alle Heidelandschaften Schleswig-Holsteins stehen unter Naturschutz. Sie sind ausnahmslos stark bedroht und bieten etwa 2.500 Tier- und 150 Pflanzenarten einen einzigartigen Lebensraum. Fast die Hälfte der dort vorkommenden Pflanzen stehen auf der Roten Liste, darunter Lungenenzian, Sonnentau, Geflecktes Knabenkraut, Arnika und Niedrige Schwarzwurzel, die charakteristisch für die Geestheide sind und in Küstendünenheiden in der Regel nicht vorkommen. Viele Vogelarten wie Feldlerche, Kiebitz, Brandgans und Wiesenpieper nutzen die Heideflächen als Brutgebiet. In der Heide findet man die seltene Kreuzkröte und die Waldeidechse. Und hier sagen sich sprichwörtlich Fuchs und Hase gute Nacht.

Die Geestheide ist eine alte Kulturlandschaft. In früheren Zeiten wurde die Heide regelmäßig gemäht, als Tierfutter genutzt, als Einstreu in den Ställen und als Brennmaterial im heimischen Ofen. Seitdem diese Nutzungsarten weggefallen sind, ist eine regelmäßige Pflege der Heidelandschaft notwendig. Ohne Pflege würde die Heide überaltern und verholzen und innerhalb weniger Jahre bis Jahrzehnte würde sich eine 10 cm dicke Humusschicht bilden. Büsche würden die Flächen überwuchern und nach und nach sogar ganze Wälder entstehen. Zu den wichtigsten Pflegemaßnahmen gehört daher das Ausgraben von Kartoffelrose, Traubenkirsche, Brombeere und Geißblatt und das Fällen von Bäumen wie Weiden, Eschen und Birken. Von Frühling bis Herbst durchzieht eine große Wanderschafherde von über 600 Tieren die Flächen, die Büschen, Sträuchern, Kräutern und sogar der invasiven Kartoffelrose zu Leibe rücken. Die Beweidung führt zur Verjüngung und zu vermehrtem Wachstum der Heide.

DIE KLIFFS

Sylt beindruckt mit seinen steil aufragenden Kliffs, die durch ihre Farbigkeit bestechen. Das **Rote Kliff** (Bild oben) zwischen Wenningstedt und Kampen ist etwa 4 km lang und ragt bis zu 30 m empor. Es besteht überwiegend aus Geschiebelehm, mindestens 126.000 Jahre alten Ablagerungen der Saale-Kaltzeit. Eisen färbt die eiszeitliche Moräne rot, was gerade bei tiefstehender Sonne zu einem beeindruckenden Farbenspiel führt.

Das Kliff beginnt in Westerland am Abgang bei der Nordseeklinik. Nach 600 bis 1000 m Richtung Norden sind zwischen dem Abgang Horsetal und der Treppe Seestraße am Klifffuß, sofern die Wellen die Kliffbasis freigespült haben, 400.000 Jahre alte Sande und Kiese der Elster-Kaltzeit aufgeschlossen. Etwas weiter, etwa bei 1,1 bis 2,7 km, zwischen der Treppe Strandstraße und dem Abgang Nord III sind in 5 bis 8 m Höhe elfenbeinfarbene Kaolinsande aus dem Pliozän, etwa 2,6 bis 5,3 Millionen Jahre alt, zu sehen.

Dort und in den alten Geestkernen der Insel zwischen Archsum und Morsum oder im Dreieck von Westerland – Kampen – Keitum trifft man auf die Zeugen der Eiszeit. Steine, deren Heimat weit im Norden liegt. Wenn das Herkunftsgebiet bekannt ist, spricht man von Leitgeschieben. Mit ihrer Hilfe kann man die Richtung des Gletscherstroms bestimmen.

Das **Weiße Kliff** (Bild unten) bei Braderup besteht aus hellem Kaolinsand des Pliozäns.

Er wurde vor 2,6 bis 5,3 Millionen Jahren durch große Flusssysteme hier abgelagert. In den Kiesgruben um Braderup wurde der Kaolinsand abgebaut. Auf den Halden ausgesiebter Steine, aber auch an den Kliffs von Braderup und Morsum können ganz besondere Fossilien gefunden werden: Schwämme aus dem Ordovizium, 450 Millionen Jahre alt. Zehntausende wurden bisher aufgesammelt. Man erkennt noch immer deutlich die poröse, schwammartige Struktur. Die häufigsten gehören zu den Gattungen *Astylospongia*, *Carpospongia*, *Caryospongia* oder *Aulocopium*. Einige neue Formen wurden sogar nach ihrem Fundort benannt: *Syltispongia ingemariae*, *Schismospongia syltensis* oder *Syltrochos pyramidoidalis*.

Das **Grüne Kliff** in Keitum ist ein 3 km langer, bewachsener Küstenabschnitt, der den Übergang zwischen höher gelegener Geest und dem Wattenmeer darstellt. Der Abhang ist im Schnitt etwa 13 m hoch, verkörpert jedoch keine aktive Steilküste mehr.

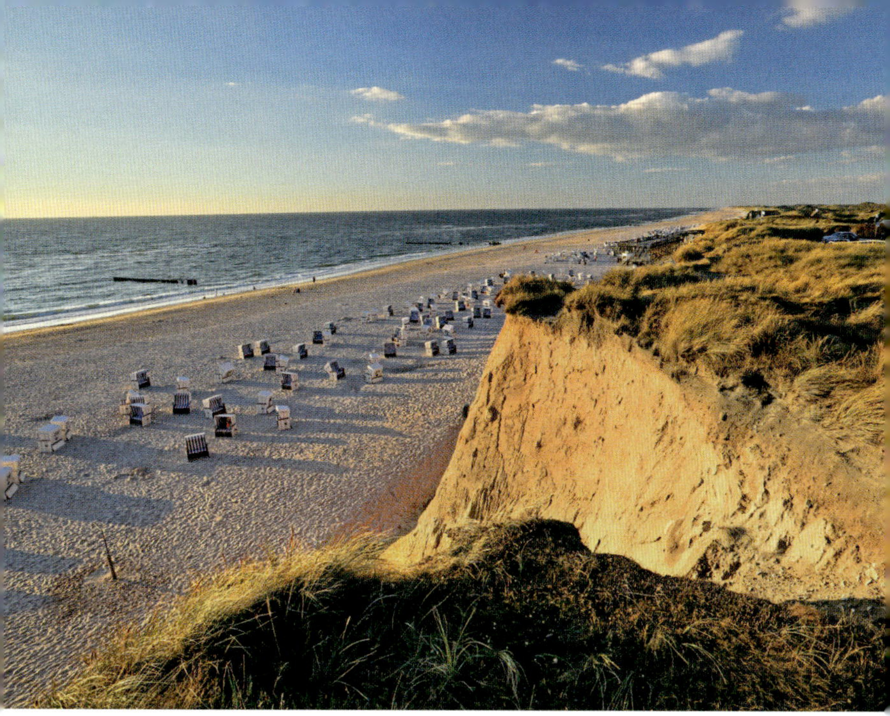

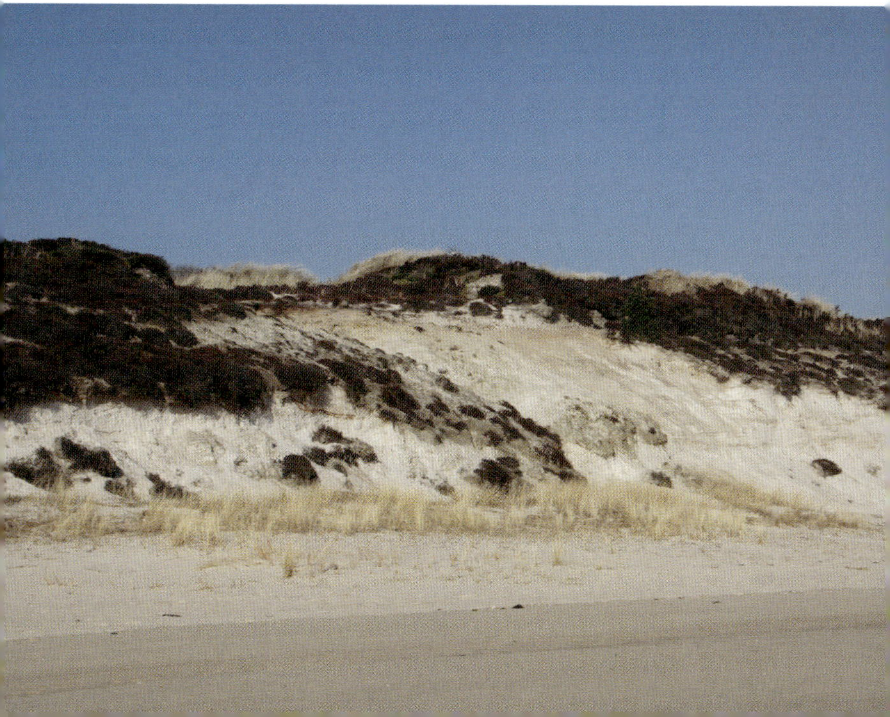

DAS MORSUM-KLIFF

Das **Morsum-Kliff** (Bild) auf Sylt präsentiert sich dem Betrachter in leuchtendem Orange, strahlendem Weiß und dunklem Braun und ist damit sicher die farbenreichste Küste Schleswig-Holsteins.

Die Geschichte dieses Küstenabschnitts reicht fast 10 Millionen Jahre zurück. Zu dieser Zeit, dem Oberen Miozän, befand sich hier ein 60 bis 100 m tiefes Meer. Es kam zur Ablagerung von dunklem Glimmerton. Im jüngsten Miozän vor 5,3 bis 7,5 Millionen Jahren zog sich das Meer langsam zurück. Im flachen Wasser bildete sich der durch Eisenverbindungen und Tonminerale rostrot gefärbte Limonit-Sandstein. Limonit ist eine Eisenverbindung, der Sand ist quasi verrostet. Die elfenbeinfarbenen Kaolinsande wurden von einem riesigen Flusssystem vor 2,6 bis 5,3 Millionen Jahren aus dem nördlichen Baltikum angeschwemmt. Kaolin ist ein Tonmineral, das bei der Verwitterung von Granit freigesetzt wird.

Während der Saale-Kaltzeit (126.000 bis 300.000 Jahre) rückten gewaltige Gletscher aus südwestlicher Richtung langsam nach Sylt vor. Mit einem gewaltigen Druck von 90 bar von oben und der Seite schoben sie die Sedimente im Untergrund zusammen und stauchten sie auf. Der plastische Ton wölbte sich und wurde mehrfach zerschert. Wir finden deshalb heute im Kliff die um 33° steilgestellten Schichten in der Abfolge von Glimmerton, Limonit-Sandstein und Kaolinsand in sich fünffach wiederholenden Schuppen. So ist heute ein tiefer Blick in die geologische Vergangenheit Sylts möglich. Nur an ganz wenigen anderen Stellen in Schleswig-Holstein sind wie hier voreiszeitliche Schichten aufgeschlossen.

Die heutige Gestalt des Kliffs entstand durch die nacheiszeitliche Landhebung und die formenden Kräfte von Wind und Wellen. Sand und Ton aus dem Kliff werden von den Wellen fortgetragen und an anderer Stelle wieder abgelagert.

Das Morsum-Kliff steht seit 1923 unter strengem Naturschutz. Das Kliff selbst darf nicht betreten werden. Fossilfunde sind heutzutage kaum mehr möglich, aktives Sammeln oder Graben ist strengstens verboten.

Ein 3 km langer Rundweg führt durch das Naturschutzgebiet über das Kliff und am Strand entlang.

SANDVORSPÜLUNGEN

Ein steigender Meeresspiegel infolge des Klimawandels ist, zumindest in naher Zukunft, keine wirklich ernste Bedrohung für Sylt. Hingegen nagen Orkane oder selbst kräftige Herbst- und Winterstürme an Sylts Küsten. Seit 1870 gibt es Aufzeichnungen über den Küstenrückgang, der zu Ende des 19. bis Mitte des 20. Jahrhunderts etwa 0,4 m im Norden und 0,7 m im Süden betrug. Der durchschnittliche Landverlust beträgt seit der zweiten Hälfte des 20. Jahrhunderts 1 bis 4 m pro Jahr. Insgesamt sind dies in jedem Jahr 100.000 bis 1 Million m³ Sand, die von den Wellen davongetragen werden. Sturmfluten bergen immer eine Gefahr für die Insel, 1962 wurde bei einem solchen Ereignis Hörnum vom Nordteil der Insel getrennt. Und südlich von Rantum ist die Insel an einem gefährdeten Bereich nur 500 m breit. Nicht zu unterschätzen ist auch die sogenannte Lee-Erosion, die zu Landverlusten an der Ostküste von Hörnum führt. Auch die Nehrungshaken am Ellenbogen und bei Hörnum Odde (Bild oben) sind starken Veränderungen unterworfen.

Als Schutzmaßnahmen hat man schon 1867 begonnen, Buhnen 6 m tief in den Boden zu rammen, damit sie zur Verlangsamung der Strömung und zur Ablagerung von Sand führen. Bereits 1899 säumten 138 Buhnen Sylts Westküste. Die Maßnahme zeigte keine Wirkung und 1968 wurde der Buhnenbau eingestellt. Heute sind alle bis auf jeweils drei Buhnen bei Rantum und Westerland wieder gezogen. Auch das Aufstellen von Betontetrapoden bei Hörnum (Bild unten) blieb erfolglos.

Um der steigenden Erosion entgegenzuwirken, werden seit 1972 Sandvorspülungen vorgenommen. Mittlerweile wurden rund 60 Millionen m³ Sand an den Küsten vor Sylt aufgebracht. Das Material wird etwa 8 km vor der Küste mit einem Saugbagger aus 15 bis 30 m Wassertiefe entnommen und über eine Spülleitung an den Strand gepumpt. Dort wird es von Planierraupen verteilt. Während der Spülzeiten, die bis zu einem halben Jahr lang dauern können, ist der entsprechende Strandabschnitt gesperrt. Der überwiegende Teil der Sandvorspülungen fand an den Stränden vor Hörnum im Süden, Westerland und Kampen im Westen und List im Norden statt. Etwa 6,7 Millionen m³ Sand wurden im Vorstrandbereich etwa 400 m vor der Küste auf ein vorgelagertes Sandriff („Barre") verbracht, damit bereits hier die auflaufenden Wellen gebremst werden und sich ihre Energie verringert. Die Gesamtkosten der Sandvorspülungen betrugen rund 260 Millionen Euro, mit dieser Investition wurden jedoch geschätzt 3,5 Milliarden Euro an Sachwerten geschützt.

SYLTS ZUKUNFT

Der Fortbestand Sylts hängt von zwei großen Klimafaktoren ab: Zum einen treibt der Klimawandel den Meeresspiegelanstieg immer weiter vor, zum anderen sorgen Wind und Wellen für einen fortwährenden Abtrag der Küsten.

Ein prognostizierter Temperaturanstieg von 4,4 °C durch die globale Klimaerwärmung bis zum Jahr 2100 würde zu einem Meeresspiegelanstieg von mindestens 1 m, vielleicht sogar bis zu 2 m führen. Aber selbst ein derart hoher Meeresspiegelanstieg würde Sylt nicht ernsthaft gefährden. Bis auf einige Gebiete des Marschlands, vor allem nördlich des Rantumbeckens, wäre die Insel nur an wenigen Stellen überflutet, alle Ortschaften blieben trocken.

Wind und Wellen hingegen nagen stets an den Küsten von Sylt. Sand wird abgetragen und entlang der Küste fortgespült. Der durchschnittliche Küstenrückgang beträgt 1 bis 4 m im Jahr. Ein kräftiger Sturm kann bis zu 100.000 m³ Sand verfrachten. Bis zu einer Million m³ Sand verschwinden jährlich. In 2.000 bis 3.000 Jahren wäre von Sylt nur noch ein kleiner Kern übrig.

Bei der schweren Sturmflut in der Nacht vom 17. Februar 1962 stieg das Wasser auf 4 m über dem mittleren Hochwasser und fraß sich auf 250 m Breite durch die Hörnumer Dünen. Südlich von Rantum kann Sylt bei schweren Stürmen auch zukünftig wieder durchbrechen.

Winterstürme und Gezeiten treffen mit voller Wucht auf die Westseite der Insel. Sand wird ausgewaschen, Steilküsten verlieren massiv Material. Strömungen verfrachten den Sand parallel zur Küstenlinie nach Norden und Süden. Dort, wo die Strömung nachlässt und die Geschwindigkeit der Wassermassen zur Ruhe kommt, lagern sich die aufgewirbelten Sandkörnchen wieder ab und bilden Nehrungshaken: im Norden am Ellenbogen und an der Hörnum Odde. Aber gerade hier im Süden kommt es durch die speziellen Strömungsverhältnisse zu einer Lee-Erosion auf der windabgewandten Wattseite. Nach und nach wird Hörnum-Odde zwar an Breite verlieren, aber an Länge gewinnen. Hier wird ein schmaler Haken in südöstlicher Richtung wachsen.

Um dem Landverlust durch wütende Orkane entgegenzuwirken, werden seit 1972 Sandvorspülungen (S. 28) an wechselnden Orten vorgenommen, vor allem an den Weststränden zwischen Westerland und der Nordspitze. In den neuesten Planungen ist Hörnum Odde (Bild: Hörnum) davon jedoch ausgenommen und wird den Naturgewalten preisgegeben.

AN DEN STRAND GESPÜLT

Spülsäume sind die Schatzkisten der Strände. Besonders nach einem Sturm lagert die Brandung hier die vielfältigsten Mitbringsel ab: Seegras und Seetang, Schwämme, Quallen, Muschelschalen, Schneckenhäuser, Krebspanzer, Treibholz, Bernstein, Gemüsezwiebeln, Trauergestecke, dazu jede Menge Wohlstandsmüll wie Turnschuhe, Plastikflaschen, Fischkisten, Blinker, Netze, Bojen und sogar über Bord gegangene (oder vielleicht auch absichtlich entsorgte) Handys.

Der Spülsaum variiert von Tag zu Tag. Immer wieder schwemmt das Meer neue Gegenstände an den Strand. Häufig sind diese nach Gewicht und Größe sortiert. Eine Matte aus braunem Seetang liegt höher am Strand als die filigranen Rotalgen. An einem Sandstrand kann man am oberen Wellensaum hin und wieder einen Streifen aus schwarzem Sand entdecken. Hier haben sich schwere Mineralkörnchen aus Magnetit und Granat in einer sogenannten Schwermineralseife abgelagert. Dieses Phänomen machen sich Schatzjäger zu eigen, wenn sie in ihrer Goldwaschpfanne die schweren Goldnuggets von den leichten Sandkörnchen trennen. Und selbst die Strandsteine sind in Streifen nach ihrer Größe geordnet.

Die dicken Seetang-Teppiche, die nach Stürmen an der Ostseeküste aufgeschichtet werden und die sich nach wenigen Tagen bis Wochen zu einer breiigen, stinkenden Masse entwickeln, die jeden Strandurlauber in die Flucht schlägt, gibt es auf Sylt nicht.

Liegen am Spülsaum dunkle, manchmal faustgroße Brocken von Tuul, dem untermeerisch anstehenden Seetorf, so kann man auf kleine Bernsteinbrocken hoffen. Auch zusammen mit schwarzem Sprockholz wird Bernstein angeschwemmt.

Der Spülsaum ist reich an Nährstoffen. Spezialisierte Pflanzen wie Meersenf und Salzmiere siedeln sich hier an. Auf frischen Strandwällen wachsen Strandhafer und Strandroggen, Meerkohl und die seltene Stranddistel. Auf älteren Strandwällen finden sich Heidegesellschaften und die Kartoffelrose.

Blasentang *Fucus vesiculosus*

Größe: bis 1 m
Verbreitung: in flachem Wasser auf Hartgründen bis 14 m Wassertiefe
Häufigkeit: ●●●●●

Beschreibung: Blasentang ist die wohl bekannteste Tangart der Nordsee. Frische Exemplare haben eine olivgrüne bis gelbbraune Färbung, getrocknet verfärben sie sich tiefschwarz. Namensgeber sind die beidseits der Mittelrippe an der Basis der Verzweigungen gelegenen, gasgefüllten Schwimmblasen. Man nennt den Vegetationskörper, also die „Blätter" der Algen, Thallus. Er ist beim Blasentang lederartig und fest und verzweigt sich regelmäßig. Die Ränder sind glatt. An den Sprossspitzen der Thalli befinden sich zwischen September und Mai die Fruchtkörper (Rezeptakel).

Wissenswertes: Blasentang enthält bis zu 0,5 Prozent Jod und findet daher in der Pharmaindustrie Verwendung. Er wird zudem als Verpackungsmaterial in der Hummerzucht genutzt, gemahlen als Düngemittel auf den Feldern ausgebracht und war im 19. Jahrhundert als bewährtes Mittel gegen Adipositas (Fettleibigkeit) in Gebrauch.

Sägetang *Fucus serratus*

Größe: bis 1 m
Verbreitung: unterhalb der Niedrigwasserlinie bis 10 m Wassertiefe
Häufigkeit: ●●●●●

Beschreibung: Sägetang ist aufgrund seiner scharf gezahnten Thallusränder leicht zu erkennen. Er hat keine Schwimmblasen und ist auch damit gut vom Blasentang zu unterscheiden. Der Thallus ist lederartig und mehrfach verzweigt. Die Rezeptakeln sind länglich, flach und haben eine granulierte Oberfläche. Sägetang ist wie der Blasentang zweihäusig, männliche und weibliche Geschlechtszellen entstehen also an verschiedenen Pflanzen. Die Vermehrung erfolgt zwischen September und Mai.

Wissenswertes: Wie Blasentang verankert sich auch der Sägetang mit einer Haftwurzel auf Hartgründen. Die Verbindung ist dabei so fest, dass selbst mehrere Kilogramm schwere Steine bei Sturm durch den Tangbewuchs von den Wellen an den Strand geworfen werden.

Zottige Meersaite *Halosiphon tomentosum*

Größe: über 100 cm
Verbreitung: in flachem Wasser auf steinigem Untergrund
Häufigkeit: ●●●○○

Beschreibung: Der Thallus der Meersaite besitzt einen runden Querschnitt, ist max. 3 bis 4 mm dick und kann über 1 m lang werden. Er ist unverzweigt, dunkelbraun und über die gesamte Länge mit kleinen, hellbraunen Härchen besetzt, die der Pflanze einen seidigen Glanz verleihen.

Die Zottige Meersaite wird manchmal auch als Rauer Winterstrang bezeichnet. Man trifft sie nur im Frühjahr bis zum Beginn des Sommers an. Sie wird manchmal in größeren Mengen angespült.

Wissenswertes: Die Glatte Meersaite (*Chorda filum*) besitzt keine Haare auf dem Thallus und wird bis zu 4 m lang. Der Thallus ist hohl.

Knotentang *Ascophyllum nodosum*

Größe: über 150 cm
Verbreitung: Gezeitenzone
Häufigkeit: ●●●●○

Beschreibung: Der olivgrüne bis gelbe Knotentang gehört zu den auffälligsten Tangen der Nordsee. Die Sprosse sind schmal, verzweigen sich mehrfach und unregelmäßig. Eine Mittelrippe ist nicht vorhanden. In regelmäßigen Abständen besitzt der Knotentang sehr charakteristische, längsovale Schwimmblasen. Die erste entwickelt sich im Alter von zwei Jahren, danach wird in der Hauptachse des Sprosses eine pro Jahr gebildet. Somit kann man bei angespülten Thalli auf das Alter der Pflanzen schließen. Neben den Schwimmblasen trägt der Thallus viele kleine, gestielte Rezeptakeln.

Wissenswertes: Knotentang wird in der Biotechnologie und der Lebensmittelindustrie sowie als Dünger genutzt. In der Fischwirtschaft nimmt man ihn gelegentlich als „Verpackungsmaterial" auf dem Fangschiff.

Zuckertang *Laminaria saccharina*

Größe: über 400 cm
Verbreitung: von der Gezeitenzone bis in 20 m Wassertiefe
Häufigkeit: ●●●○○

Beschreibung: Zuckertang ist eine der größten einheimischen Braunalgen-Arten. Er besitzt ungeteilte, bis 30 cm breite und mehrere Meter lange, lederartige Thalli von gelb- bis dunkelbrauner Farbe. Der Rand ist gewellt, die Wurzel mehrfach gegabelt. Angespülte Thalli stammen meist von jungen Exemplaren, sind deutlich kleiner und zarter im Aufbau.

Zuckertang bildet große „Wälder" auf dem Meeresgrund.

Wissenswertes: Zuckertang wird in manchen Gegenden gegessen oder zumindest zu Viehfutter verarbeitet. Er enthält „Mannit", eine spezielle Zuckerart. Der hohe Gehalt an diesem Süßungsmittel gab dem Zuckertang seinen Namen. Er wird u. a. in der Pharmaindustrie genutzt.

Fingertang *Laminaria digitata*

Größe: bis 300 cm
Verbreitung: auf felsigem und steinigem Untergrund unterhalb der Niedrig-wasserlinie
Häufigkeit: ●●○○○

Beschreibung: Der Thallus des Fingertangs ist vielfach längs geschlitzt, sodass finger- bis bandartige, am Rand leicht gewellte Fortsätze entstehen. Der Stiel ist relativ kurz und unterhalb der einsetzenden Verzweigungen deutlich abgeflacht. Fingertang siedelt mit seinen kräftigen Haftwurzeln auf Steinen oder felsigen Untergünden.

Wissenswertes: Fingertang bevorzugt kühlere Gewässer, die im Sommer Temperaturen von maximal 20 °C erreichen. Hier kann er ausgedehnte Tangwälder bilden. Fingertang wird als fett- und cholesterinfreies Meeresgemüse unter dem Namen Kelp oder Kombu verkauft und findet vor allem in der asiatischen Küche Verwendung. Die Pharmaindustrie nutzt ihn als natürliche Jodquelle. Er wird mit speziellen Trawlern geerntet oder nach Stürmen am Strand gesammelt.

Wurmblättrige Wattalge *Gracilaria vermiculophylla*

Größe: 10 bis 100 cm
Verbreitung: Flachwasser, geschützte Bereiche, Häfen
Häufigkeit: ●●●○○

Beschreibung: Die langen, dünnen, knorpeligen Thalli der Alge sind rötlich bis fast schwarz, gelegentlich auch hellbraun. Die auch als Japanischer Knötchentang bezeichnete Alge ist unregelmäßig verzweigt. Der Thallus misst 0,5 bis 5 mm im Durchmesser. Die Algen driften frei im Wasser. Werden sie übersandet, wachsen sie an Ort und Stelle weiter. Die dichten Thalli sind Lebensraum für Dutzende weiterer Organismen.

Gelegentlich wird die Art unter dem Synonym *Agarophyton vermiculophyllum* geführt.

Wissenswertes: Die Wurmblättrige Wattalge stammt ursprünglich aus dem Pazifik. Sie gehört zu den vier erfolgreichsten Algen weltweit, dringt als invasive Art in fremde Ökosysteme ein und verdrängt einheimische Arten. Sie drang vor etwa 30 Jahren über Frankreich und Belgien bis ins Wattenmeer vor, wurde 2003 in Dänemark gemeldet und ist seit 2005 sogar in der Kieler Bucht heimisch.

Roter Horntang *Ceramium virgatum*

Größe: bis 30 cm

Verbreitung: auf harten Untergründen von der Flachwasserzone bis in 20 m Wassertiefe

Häufigkeit: ●●●●●

Beschreibung: Der Rote Horntang wächst büschelig. Sein hell- bis braunroter Thallus ist glatt und knorpelig. Die Äste sind mehrfach dichotom gegabelt, d. h. der Spross teilt sich in zwei gleichartige Zweige auf. Die dünnen Endstücke sind zangenartig nach innen eingekrümmt und erinnern an die Hörner einer Ziege (daher der Name). Mit der Lupe kann man, am besten im Gegenlicht, die einzelnen Zellen gut erkennen. Verdickungen im Spross werden als Rindenringe bezeichnet, wodurch der Thallus ein perlschnurartiges Aussehen erhält.

Wissenswertes: Der Rote Horntang ist eine der häufigsten Rotalgen, die sich im Angespül an unseren Stränden finden. Besonders im Sommer leuchtet er uns aus dem Strandkies regelrecht entgegen, verblasst aber, wenn er trocken wird. Zwischen zwei Löschblätter gelegt und gepresst, eignet er sich gut zum Verzieren von Briefen oder Bildern.

Darmtang *Enteromorpha* spp.

Größe: bis 50 cm
Verbreitung: Flachwasserzone
Häufigkeit: ●●●●●

Beschreibung: Darmtang ist grasgrün. Er besitzt je nach Art 20 bis 50 cm lange, aber kaum 1 bis 2 cm breite, schlauchartige und unverzweigte Thalli, deren Wand nur aus einer Zellschicht besteht. Darin eingeschlossen finden sich kleine Sauerstoffbläschen, die aus der Photosynthese herrühren. Sie lassen die Tangblätter durch ihren Auftrieb senkrecht im Wasser stehen.

Wissenswertes: Es gibt einige schwer voneinander zu unterscheidende Darmtang-Arten. Am häufigsten sind der Gewellte Darmtang (*E. linza*) mit wellenartig verbogenen Rändern, der Flache Darmtang (*E. compressa*) und der Gemeine Darmtang (*E. interstinalis*). Darmtang kann Austrocknung, Gefrieren, hohe UV-Strahlung und Aussüßung gut überstehen. Er kann das zur Photosynthese notwendige Kohlendioxid nicht nur aus dem Wasser, sondern auch direkt aus der Luft aufnehmen.

Meersalat *Ulva lactuca*

Größe: bis 100 cm
Verbreitung: unterhalb der Niedrigwasserlinie bis 10 m Wassertiefe
Häufigkeit: ●●●●●

Beschreibung: Seinen Namen verdankt der Meersalat zum einen den zart-grünen, breiten Blättern, die an Kopfsalat erinnern, zum anderen ist er ebenfalls essbar, steht in Schottland, Frankreich und Skandinavien auf dem Speisezettel. Der Thallus ist sehr breit, hauchdünn (er besteht nur aus zwei Zellschichten) und am Rand rüschenartig gewellt. Aufgrund seiner Dünnwandigkeit zerreißt er schnell. Der Stiel, mit dem er an Steinen oder felsigem Untergrund verankert ist, ist kurz.

Wissenswertes: Grünalgen sind an flaches Wasser gebunden, deswegen lebt der Meersalat von der Niedrigwasserlinie an bis in Tiefen von kaum mehr als 10 m. Losgerissene Thalli bleiben lebensfähig, treiben oft lange Zeit im flachen Wasser, bis sie an den Strand gespült werden und dort schnell verklumpen. Trockene Thalli verblassen schnell.

Tüpfelfarn *Polypodium vulgare*

Größe: 10 bis 35 cm
Verbreitung: Braundüne
Sporenreife: Juli bis Oktober
Häufigkeit: ●●●○○

Beschreibung: Ein Farnwedel ist in Stiel und Blattspreite gegliedert. Die Spreite ist lang lanzettförmig, beiderseits fiederteilig, d. h. bis zum Stiel tief eingeschnitten, sodass jederseits bis zu 30 ganzrandige Fiederchen entstehen. Auf ihrer Unterseite tragen sie kleine Sporenpakete, sogenannte Sori, in denen sich Kapseln mit den Sporen befinden.

Wissenswertes: Der Tüpfelfarn wächst zwischen Heidekraut und Krähenbeere auf der Schattenseite der Braundünen. Er braucht etwas humose, kalkfreie, halbschattige bis schattige Standorte. Die Farnwedel bleiben auch im Winter grün, sterben aber im Frühjahr ab, woraufhin sich ab dem Frühsommer neue Wedel bilden.

Das Rhizom, der Wurzelstock, enthält verschiedene Zucker, was im Volksmund zu der Bezeichnung „Engelsüß" geführt hat. Es wurde in der Naturheilkunde gegen Husten, Gicht und Leberkrankheiten eingesetzt.

Seegras *Zostera marina*

Größe: bis 150 cm
Verbreitung: in flachem Wasser bis 10 m Wassertiefe
Blütezeit: Juni bis September
Häufigkeit: ●●●●●

Beschreibung: Seegras ist die einzige Blütenpflanze, die komplett unter Wasser lebt. Ihre Blätter sind lang und dünn, die Spitze ist gerundet. Jedes Blatt hat 3 bis 7 Blattnerven. Die Blütenstände sind unscheinbar und am leichtesten an den leicht verdickten Sprossachsen zu erkennen. Die Blüten liegen in zwei Reihen in einer flachen Ähre. Die Vermehrung des Seegrases erfolgt durch Sprossung im Wurzelbereich oder durch Samen, wobei die Befruchtung unter Wasser stattfindet.

Wissenswertes: Seegras wurde früher zum Stopfen von Matratzen und zur Dämmung von Hauswänden genutzt. Auf der dänischen Insel Læsø wurden die Dächer der sog. Tanghäuser schon im 17. Jahrhundert mit Seegras gedeckt. Verfaulende Seegrasteppiche vermögen manchem Badegast die Freude am Strandaufenthalt zu verderben. Seegraswiesen bilden einen wichtigen Lebensraum für Kleinlebewesen aller Art, die hier Schutz und Nahrung finden.

Salzmiere *Honckenya peploides*

Größe: bis 30 cm
Verbreitung: Vordüne, unverfestigter Strandbereich bis zum Spülsaum, vollsonnige, feuchte bis nasse Standorte
Blütezeit: Mai bis August
Häufigkeit: ●●●●○

Beschreibung: Die Salzmiere wird auch als Strandportulak bezeichnet. Ihre spitzovalen, dickfleischigen Blätter sind maximal 2 cm breit und 4 cm lang. Sie sind kreuzgegenständig angeordnet. Die Pflanze wächst meist kriechend. Sie bildet große Matten und besitzt ein weit verzweigtes Wurzelwerk. Wird sie von Sand überdeckt, wachsen neue Stängel nach oben. An den Stängelknoten können sich neue Wurzeln bilden.

Wissenswertes: Die Salzmiere braucht salziges Wasser und kann überschüssiges Salz mithilfe spezieller Salzdrüsen über die Blätter wieder ausscheiden. Sie verträgt Überflutung, aber auch Austrocknung. Sie gilt als eine Charakterpflanze für Salzkraut-Spülsaum-Gemeinschaften. Salzmiere ist reich an Vitamin A und C. Sie schmeckt säuerlich und ist bis zur Blütezeit essbar. Sie kann wie Sauerkraut eingelegt werden und wird auf Island sogar zu Likör vergoren.

Queller *Salicorna europea*

Größe: 5 bis 45 cm
Verbreitung: Wattenmeer, Salzwiesen
Blütezeit: Juni bis September
Häufigkeit: ●●●○○

Beschreibung: Queller wächst im Wattenmeer und in den Verlandungszonen der Küsten. Er gilt als die Blütenpflanze mit der höchsten Salztoleranz, duldet Überflutungen. In seinen Zellen reichert er Salz an. Durch das nachströmende Wasser bildet er eine Stammsukkulenz aus und wirkt daher wie ein kleiner Kaktus. Im Herbst ist sein Salzgehalt so hoch, dass er abstirbt. Die kleinen Blüten in den Sprossspitzen bilden 10.000 Samen aus. Bei Frost platzen die Samenkapseln auf, der Regen im nächsten Frühjahr lässt die Samen dann wieder keimen.

Wissenswertes: Der leicht salzig bis pfeffrig schmeckende Queller ist eine leckere Beilage zu Fisch- oder Fleischgerichten. Man bezeichnet ihn auch als „Spargel des Meeres".

Gewöhnlicher Strandhafer *Ammophila arenaria*

Größe: bis 1,2 m
Verbreitung: auf lockerem Flugsand in voller Sonne,
Pionierpflanze der Weißdünen
Blütezeit: Juni bis Juli
Häufigkeit: ●●●●●

Beschreibung: Die Blätter des Gewöhnlichen Strandhafers sind schmal und bis zu 60 cm lang. Sie sind am Rand eingerollt und sehr scharf, sodass man sich leicht an ihnen schneiden kann. Der Blütenstand in Form einer bis zu 15 cm langen Rispe steht aufrecht an langen Halmen. Das Wurzelgeflecht erweitert sich über mehrere Etagen und bindet den losen Sand, weswegen Strandhafer zur Befestigung von Weißdünen als Sandfänger angepflanzt wird.

Wissenswertes: Strandhafer ist darauf angewiesen, regelmäßig von Flugsand bedeckt zu werden. Ein zu hoher Salzgehalt schadet ihm, sodass er nur oberhalb der Spritzwasserzone gedeihen kann. Eine Pflanze durchwurzelt den feinen Strandsand in einem Umkreis von 5 m. Sie kann bis zu 100 Jahre alt werden.

Der wissenschaftliche Name *Ammophila* stammt aus dem Griechischen und bedeutet übersetzt soviel wie „Sandfreund".

Silbergras *Corynephrosus canescens*

Größe: 10 bis 35 cm, selten darüber
Verbreitung: Weißdünen
Blütezeit: Juni bis August
Häufigkeit: ●●●●●

Beschreibung: Das Silbergras wächst in kleinen Büscheln, die auf 0,5 bis 1 m auseinanderstehen. Die nicht einmal 1 mm dicken, silbergrauen Blätter stehen in den rötlichen Blattspreiten. Sie sind eingerollt, hart und spitz. Die kleinen Ähren sind wenige Zentimeter lang, feingliedrig. Von der zentralen Achse zweigen 2 bis 5 schmale Ästchen ab.

Das Silbergras besiedelt sandige, nährstoffarme Böden in Küstennähe, kommt von Skandinavien bis in den Mittelmeerraum vor. Es übersteht hohe Temperaturen, aber keine langen Frostperioden.

Wissenswertes: Wie der Strandhafer, so trägt auch das Silbergras dazu bei, losen Flugsand zu binden und Dünen zu festigen.

Silbergras ist so nährstoffarm, dass nicht einmal die Schafe es fressen.

Sanddorn *Hippophae rhamnoides*

Größe: bis 6 m
Verbreitung: sandige und kiesige Böden, auf festen Dünen, an sonnigen Orten, in alten Kiesgruben
Blütezeit: März bis Mai
Häufigkeit: ●●●○○

Beschreibung: Die weit ausladenden Äste des Sanddorns sind locker belaubt. Er besitzt glattrandige, lanzettförmige Blätter, die wechselständig angeordnet sind. Die Blätter sind blaugrün und auf der Unterseite silbrig behaart. Die Zweige tragen kurze, aber kräftige Dornen. Die unscheinbaren Blüten bilden sich an den Vorjahrestrieben, noch bevor die Blätter sichtbar werden. Sanddorn ist zweihäusig, männliche und weibliche Blüten stehen also an unterschiedlichen Pflanzen.

Wissenswertes: Die leuchtend orangen Früchte des Sanddorns können von September bis Dezember geerntet werden, Vögel verschmähen sie häufig. Sie sind sehr reich an Vitamin C, werden zu Marmelade, Likör und Hautpflegeprodukten verarbeitet. Sanddorn stammt ursprünglich aus Nepal.

Sanddorn ist kalkliebend, kommt auf Sylt nur an wenigen Standorten vor, so in den alten Kiesgruben um Braderup.

Stranddistel *Eryngium maritimum*

Größe: bis 40 cm
Verbreitung: auf salzhaltigen Sandböden und zwischen Strandhafer, auf Strandwällen, Vor- und Weißdünen
Blütezeit: Juni bis Oktober
Häufigkeit: ●●○○○

Beschreibung: Die kräftigen Stängel der Stranddistel sind mehrfach verzweigt und tragen am Ende einen kugeligen Blütenkopf. Die Blätter sind ungestielt und hart. Sie sind am Rand gewellt, u-förmig eingeschnitten und laufen in etliche kräftige Dornen aus. Sämtliche Pflanzenteile sind mit einer weißvioletten Wachsschicht überzogen, die die Stranddistel vor Austrocknung und UV-Strahlung schützt. Die Wurzel der Stranddistel reicht bis zu 2 m tief in den Untergrund.

Wissenswertes: Obwohl ihr Name anderes vermuten lässt, ist die Stranddistel keine echte Distel, sondern gehört als Doldenblütler in die Verwandtschaft von Kümmel, Dill und Fenchel.

Die Stranddistel steht in Deutschland auf der Roten Liste.

Dünen-Stiefmütterchen *Viola tricolor ammotropha*

Größe: 10 bis 30 cm
Verbreitung: sandige und magere Böden, Strandwälle, Dünen
Blütezeit: April bis September
Häufigkeit: ●●●○○

Beschreibung: Das Dünen-Stiefmütterchen gilt als Unterart des Dreifarbigen Veilchens *Viola tricolor*. Es kommt auf Trockenrasen, Dünen, brachliegenden Ackerflächen, in Kiesgruben und an Bahndämmen vor. Auf Sylt tritt es in Weiß- und Graudünen auf. Die auffälligen Blütenblätter der Stammform sind violett, weiß und gelb gefärbt, beim Dünen-Stiefmütterchen erscheinen sie eher dunkel- bis hellviolett. Besonders das untere Blütenblatt ist längs gestreift.

Wissenswertes: Das Dreifarbige Veilchen oder Strand-Stiefmütterchen ist die Stammform der heute bei jedem Gärtner erhältlichen Hornveilchen oder Stiefmütterchen.

Dem Volksglauben nach dienen die beiden oberen Blütenblätter als Sitz der Stiefmutter, die beiden rechts und links darunter ihren leiblichen Kindern, während sich die beiden Stiefkinder das untere Blütenblatt als Sitz teilen müssen.

Echtes Labkraut *Galium verum*

Größe: 20 bis 70 cm
Verbreitung: Magerrasen, Wiesen, selten auf Sandböden
Blütezeit: Mai bis September
Häufigkeit: ●●●○○

Beschreibung: Die auffälligen, leuchtend gelben Blüten des Echten Labkrauts sind rispenförmig angeordnet. Die aufrecht stehenden oder häufig auch niederliegenden Stängel besitzen einen vierkantigen Querschnitt. Jeweils sechs bis zwölf Blätter sind in Quirlen um den Stängel angeordnet. Sie sind schmal und rollen sich als Verdunstungsschutz nach unten ein, wirken dadurch nadelförmig.

Das Echte Labkraut wächst auf mageren Wiesen, Trockenrasen, auf Sylt vorwiegend im Bereich der Geestkerne.

Wissenswertes: Labkraut lässt Milch gerinnen, wurde daher früher zur Käseherstellung verwendet. Die gelbe Farbe des englischen Chester-Käses rührt noch heute von den Farbstoffen in den Blüten des Labkrauts her.

Labkraut duftet nach Honig und wird gerne von Bienen besucht.

Meersenf *Cakile maritima*

Größe: 10 bis 30 cm
Verbreitung: Strand, Vordüne
Blütezeit: Juli bis September
Häufigkeit: ●●●○○

Beschreibung: Der europäische Meersenf wächst vor allem am Strand, zwischen Spülsaum und Vordüne. Er ist einjährig, bildet häufig kleine Polster. Seine Stängel stehen aufrecht oder sind niederliegend. Die Blütenköpfe tragen mehrere bis 1 cm große, rosafarbene Blüten mit je vier Kronblättern. Die Blätter sind etwas dicker, wie es für Sukkulenten typisch ist. Ihre Form erinnert an Rucola. Meersenf ist sehr salztolerant, kann in losem Sand wachsen und verträgt auch gelegentliche Übersandung. Er dient neben den Dünengräsern zur Festlegung von Flugsand.

Wissenswertes: Blüten, Blätter, Stängel und Wurzeln des Meersenfs sind essbar und Vitamin-C-reich, haben aber einen leicht bitteren Geschmack. Junge Triebe eignen sich als Salatbeigabe, häufiger findet er dank seines Senfaromas als Gewürz Verwendung. Gemahlene Wurzeln können beim Backen dem Mehl beigegeben werden.

Rundblättrige Glockenblume *Campanula rotundifolia*

Größe: 10 bis 30 cm
Verbreitung: Trockenrasen, Dünen, Heide
Blütezeit: Juni bis Oktober
Häufigkeit: ●●●●○

Beschreibung: Die kleinen, glockenförmigen Blüten sind blauviolett gefärbt. Die fünf schmalen, oben zugespitzten Blütenblätter sind bis zur unteren Hälfte zusammengewachsen. Die Blätter sind lang und schmal, grasförmig. Die Wurzeln dieser zierlichen Pflanze reichen bis 1,20 m in den Untergrund.

Die Rundblättrige Glockenblume ist die einzige Art der Glockenblumen, die bei uns vorkommt. Sie wächst an Wegrändern, Trockenrasen, in Dünengebieten und auf Heideflächen. Sie gilt als Anzeiger für Magerrasen.

Wissenswertes: Die Rundblättrige Glockenblume enthält Inhaltsstoffe, die blutstillend und entzündungshemmend wirken.

In Schweden wird die Art als Kleines Blauglöckchen bezeichnet.

Gewöhnlicher Reiherschnabel *Erodium cicutarium*

Größe: 10 bis 40 cm, manchmal bis 60 cm
Verbreitung: Sandböden, Trockenrasen
Blütezeit: April bis Oktober
Häufigkeit: ●●●○○

Beschreibung: Der Gewöhnliche Reiherschnabel gehört zu den Storchenschna-belgewächsen und damit zu den Geranienverwandten. Die Blätter sind vielfach gefiedert. Die Blüten finden sich meist zu mehreren in kleinen Blütenständen, sie tragen fünf zartrosafarbene Blütenblätter. Die bis zu 4 cm langen Fruchtstände platzen zur Reifezeit explosionsartig auf und schleudern ihren Samen weit fort.

Der Gewöhnliche Reiherschnabel wächst auf warmen Sandböden oder Trocken-rasen, steht gern in voller Sonne. Er gilt als Pionierpflanze und als Sandanzeiger.

Wissenswertes: Junge Blätter sind essbar und erinnern im Geschmack an Petersilie.

Grasnelke, Strandnelke *Armeria maritima*

Größe: 10 bis 40 cm
Verbreitung: Sandböden, Dünen, Salzwiesen
Blütezeit: Mai bis Oktober
Häufigkeit: ●●●○○

Beschreibung: Die Grasnelke wächst in kleinen Polstern auf Salzwiesen und sandigen Flächen wie Strand und Düne. Aus einem Polster entspringen mehrere, aufrecht stehende, flaumig behaarte Stängel, die je ein Köpfchen mit vielen kleinen, rosafarbenen Blüten tragen. Die Blätter sind schmal und grundständig in Rosetten angeordnet. Die Grasnelke besitzt eine lange Pfahlwurzel.

Wissenswertes: Die Strand-Grasnelke gilt als potentiell gefährdet, steht auf der Vorwarnliste der Roten Liste und ist besonders geschützt.

Sie wächst selbst auf mit Schwermetallen wie Blei oder Zink belasteten Böden, verträgt hohe Konzentrationen dieser Gifte.

Besenheide *Calluna vulgaris*

Größe: 20 bis 100 cm
Verbreitung: Geestheide, Braundünen
Blütezeit: August bis September
Häufigkeit: ●●●●●

Beschreibung: Wenn im Spätsommer die Besenheide in voller Blüte steht, sind die Heideflächen auf Sylt in ein leuchtendes Violett getaucht. Die Besenheide ist die häufigste Art der Heidepflanzen. Sie braucht kalkfreie, trockene, sandige Böden und wächst vornehmlich in Heiden, Dünen und Mooren in Nord- und Mitteleuropa.

Die nur 2 bis 3 mm langen Blätter sind vierzeilig angeordnet und stehen schuppenartig übereinander. An den Spitzen der bis zu 15 cm langen Triebe finden sich Dutzende kleiner, nickener Blüten.

Wissenswertes: Die Besenheide kann 40 Jahre alt werden. Sie verholzt im Alter, die Sträucher sind nicht mehr so dicht und werden von Kräutern und Gräsern durchwachsen. Die Pflanzen kahlen ringförmig aus. In dieser Phase muss die Heide durch Pflegemaßnahmen wieder verjüngt werden. Nur dann wird sie für Beweidung, Imkerei und letztendlich auch für den Tourismus wieder nutzbar.

Krähenbeere *Empetrum nigrum*

Größe: 10 bis 40 cm
Verbreitung: Geestheide
Blütezeit: April bis Mai
Häufigkeit: ●●●●●

Beschreibung: Die Schwarze Krähenbeere ist auf der Nordhalbkugel weit verbreitet, kommt von der arktischen Tundra, in Mooren und bis zu den Alpen vor. Sie braucht sandig-torfige, leicht saure Böden.

Die nadelförmigen Blätter sind 6 mm lang, und wechselständig in Quirlen angeordnet. Die rosaroten Blüten stehen in den Blattachseln und reifen ab Juli zu kleinen, schwarzen Beeren heran.

Wissenswertes: Die schwarzen Beeren werden besonders in Skandinavien, auf Island und Spitzbergen zu Marmelade oder Kompott verarbeitet. Sie enthalten doppelt soviel Vitamin C wie Heidelbeeren, haben aber aufgrund eines leichten Gifts abführende Wirkung. Der Verzehr größerer Mengen kann zu Kopfschmerzen und Schwindel führen. Vögel hingegen fressen gerne die reifen Beeren und hinterlassen dann intensiv violett gefärbte Kotflecken.

Kartoffelrose, Syltrose *Rosa rugosa*

Größe: bis 2 m, Blüten bis 8 cm Durchmesser
Verbreitung: trockene, sandige bis kiesige Standorte, Dünen
Blütezeit: Juni bis September
Häufigkeit: ●●●●●

Beschreibung: Die Kartoffelrose stammt ursprünglich aus Ostsibirien, von der Halbinsel Kamtschatka. In Deutschland wird sie seit 1845 kultiviert, spätestens seit den 1920er Jahren findet man sie auf Sylt. Sie wird zur Festigung lockerer Sandflächen angepflanzt, vielerorts auch als Heckenpflanze. Die Blätter sind unpaarig gefiedert und tragen 5 bis 9 Blättchen. Die Stängel sind mit langen, kräftigen, geraden Stacheln besetzt. Die großen duftenden Blüten bestehen aus fünf meist pinkfarbenen Blütenblättern. Die Früchte von Rosen werden als Hagebutten bezeichnet. Botanisch gesehen sind es Sammelfrüchte, die viele kleine Nüsse enthalten. Sie sind vitaminreich und werden oft zu Marmelade verarbeitet.

Wissenswertes: Die Kartoffelrose breitet sich stark aus. Durch ihr großes Blattwerk und den dichten Wuchs dringt kaum Sonnenlicht zum Boden vor. Dadurch werden viele kleine Pflanzen verdrängt. Standorte mit Kartoffelrosen sind deutlich artenärmer als vergleichbare, mit Sanddorn bewachsene Lebensräume.

Geißblatt *Lonicera caprifolium*

Größe: bis 10 m
Verbreitung: Braundünen, Geestheide
Blütezeit: Mai bis August
Häufigkeit: ●●●●○

Beschreibung: Die auch als Jelängerjelieber bekannte Kletterpflanze kann Triebe bis 10 m Länge entwickeln. Auffällig sind die fast drachenförmigen Blütenköpfe, die aus bis zu 12 einzelnen, schlanken Blüten bestehen. Sie sind gelblich bis leuchtend pink gefärbt. Im Spätsommer bilden sich die knallroten, knapp 1 cm großen Beeren, die allerdings schwach giftig sind.

Das Geißblatt kommt in weiten Teilen Skandinaviens und Kleinasiens vor. Es kommt auf sonnigen Lichtungen, in Heidelandschaften, Hecken und kultiviert in Gärten oder an Carports vor.

Wissenswertes: Wie die Kartoffelrose ist auch das Geißblatt eine invasive Art, die die natürlichen Heideflächen besiedelt und heimische Arten verdrängt. Zur Heidepflege gehört es daher auch, diese Pflanzen, zumindest an einigen Stellen, zu entfernen. Alte Teile der Pflanze verholzen und geben attraktive, gewendelte Wanderstöcke ab.

Rentierflechte *Cladonia* spp.

Größe: bis 20 cm
Verbreitung: Graudünen
Häufigkeit: ●●●●●

Beschreibung: Die kleinen, hellgrauen bis weißgrünlichen, vielfach verzweigten Ästchen der Rentierflechten haben rosafarbene bis hellbraune Spitzen. Man findet sie vor allem in den Graudünen. Sie bilden kleine, offene Polster zwischen Moos und Silbergras. Es gibt mehrere, sehr ähnliche Arten.

Wissenswertes: Rentiere fressen in der arktischen Tundra große Mengen dieser Flechten, was zu ihrer Namensgebung geführt hat. Die chitinige Zellwand wird von speziellen Bakterien im Rentierdarm aufgeschlossen und dadurch erst verdaulich.

Besonders in Notzeiten hat man trockene Rentierflechten in Milch eingeweicht, um Bitterstoffe zu entfernen, und anschließend zu Brotteig geknetet oder kurz aufgekocht und als Suppenzugabe verwendet. Heute wird ihr zarter Pilzgeschmack in der modernen Küche als Aromageber wieder sehr geschätzt.

Gelbe Wandflechte *Xanthoria parietina*

Größe: 1 bis 30 cm
Verbreitung: Steine und Mauern
Häufigkeit: ●●●●●

Beschreibung: Die Gelbe Wandflechte wird auch Gewöhnliche Gelbflechte genannt. Den Vegetationskörper einer Flechte nennt man Lager. Bei der Gelben Wandflechte ist es blattförmig und liegt eng am Untergrund an. Es bildet bis zu handgroße Rosetten. Der Rand ist lappig gewellt, das Zentrum runzelig. Sieht man genau hin, kann man in der Mitte des Lagers kleine, schüsselartige Gebilde erkennen, die Fruchtkörper der Flechte (Apothecien). Eine Rindenschicht aus dicht verflochtenen Pilzfäden (Hyphen) schützt die darunter liegenden Grünalgen vor Verdunstung und UV-Strahlung.

Wissenswertes: Die Gelbe Wandflechte bevorzugt stark nährstoffreiche Orte. Man findet sie deshalb häufig auf großen Steinen, die von Vögeln als Rastplatz genutzt werden.

Einige Flechtenarten können ein Alter von mehreren tausend Jahren erreichen. Sie werden manchmal aufgrund ihres gleichmäßigen und langsamen Wachstums zur Altersdatierung von Bauwerken verwendet.

Ohrenqualle *Aurelia aurita*

Größe: bis 40 cm
Verbreitung: Mittelmeer, Atlantik, Nordsee, Ostsee
Häufigkeit: ●●●●●

Beschreibung: Ohrenquallen haben einen flachen Schirm, der auf der Unterseite vier sternförmig angeordnete Mundarme trägt. In der Schirmmitte befinden sich vier Geschlechtsdrüsen (Gonaden), die bei Männchen orangeweiß, beim Weibchen rotviolett gefärbt sind. Wer viel Glück hat, findet ungewöhnliche Exemplare mit 3, 5 oder gar 6 „Ringen".

Wissenswertes: Die Ohrenqualle verdirbt im Sommer vielen Strandbesuchern den Badespaß. In kilometerlangen Schwärmen treibt sie an die Küste. Ihr glibbriger Körper besteht zu über 98 Prozent aus Wasser. Aber die freischwimmende Meduse ist nur eine Erscheinungsform der Ohrenqualle. Als winzig kleine Larve setzt sie sich an Steinen, Pfählen, Ufermauern oder Schleusentoren fest und wächst dort zu einem knapp 1 cm großen Polypen heran. Am Ende des Winters schnürt der Polyp viele kleine Quallen ab, die zum Leben im freien Wasser übergehen und sich dort fortpflanzen.

Feuerqualle *Cyanea capillaris*

Größe: bis über 60 cm
Verbreitung: Mittelmeer, Atlantik, Nordsee, westliche Ostsee
Häufigkeit: ●●●●○

Beschreibung: Die Feuer- oder Gelbe Haarqualle ist gelb, orange oder rosa. Unter ihrem Schirm befinden sich 100 bis 150 Tentakel, die über 2 m lang werden können und hunderte von Nesselkapseln tragen.

Wissenswertes: Meterlange, abgerissene Tentakel der Feuerqualle sind im Meerwasser nahezu unsichtbar. Bei Berührung nesseln sie schmerzhaft, und auch die Nesselkapseln von an den Strand gespülten Quallen bleiben aktiv. Die Feuerqualle pflanzt sich in der Ostsee nicht fort, wird aber im Spätsommer aus der Nordsee eingetrieben und bei auflandigem Wind manchmal massenhaft an den Strand gespült. Sie ist stark nesselnd und kann auch für den Menschen gefährlich werden. Bei Berührung explodieren ihre Nesselkapseln und können Brennen, Übelkeit, Schwindel und Schock auslösen. Anhaftende Tentakel kann man mit Sand abreiben, mit einer Scheckkarte abkratzen oder mit Essig oder Rasierschaum neutralisieren. Süßwasser oder Alkohol hingegen lassen weitere Nesselkapseln explodieren. Im Nordatlantik wird die Feuerqualle über 2 m groß.

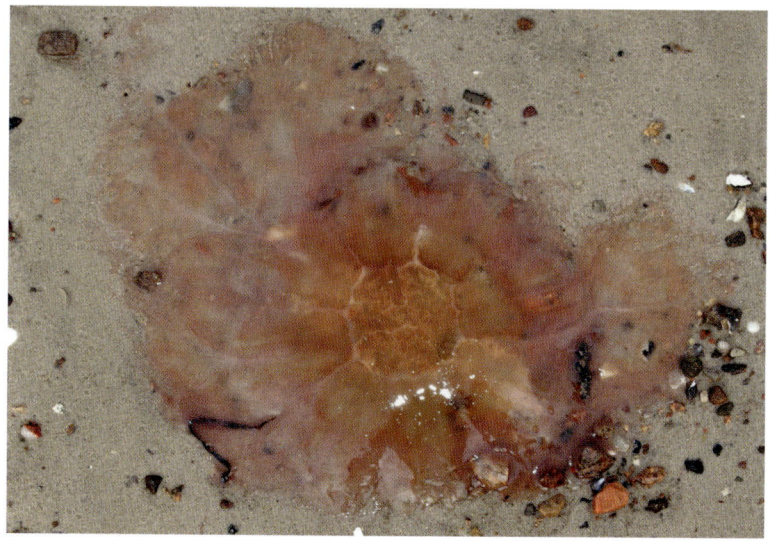

Wurzelmundqualle *Rhizostoma octopus*

Größe: bis 60 cm
Verbreitung: Atlantik, Nordsee bis Kattegat
Häufigkeit: ●●●○○

Beschreibung: Wurzelmundquallen haben einen massigen Körper. Der Schirm ist glockenförmig aufgewölbt und am Rand violett gesäumt. Unter dem Schirm befinden sich acht miteinander verwachsene Mundlappen. Aufgrund ihres Aussehens wird die Art auch als „Blumenkohlqualle" bezeichnet.

Wissenswertes: Trotz ihres massigen Erscheinungsbilds besitzt die Qualle keine Nesselzellen und ist somit völlig ungefährlich.

Wurzelmundquallen können gut schwimmen. Sie leben in tieferen Meereszonen, kommen zur Fortpflanzung in seichtere Gebiete und werden dann vor allem bei Stürmen an den Strand geworfen.

Blaue Nesselqualle *Cyanea lamarckii*

Größe: bis 25 cm
Verbreitung: Atlantik, Nordsee
Häufigkeit: ●●●○○

Beschreibung: Ebenso wie die gelborange Feuerqualle ist auch ihre blaue Verwandte stark nesselnd. Der flache Schirm trägt 32 tiefblaue Randlappen, darunter finden sich mehr als 100 mit Nesselzellen besetzte Tentakel. Von manchen Autoren werden die Gelbe und die Blaue Nesselqualle als eine Art angesehen. Echte Unterscheidungsmerkmale fehlen. In der Regel hat die Gelbe Feuerqualle einen achtlappigen Schirm, zudem soll ihr Nesselgift etwas stärker sein.

Wissenswertes: Gelbe und Blaue Nesselquallen können vor allem im Spätsommer massenhaft auftreten. Vorsicht: Auch an den Strand gespülte und scheinbar trockene Exemplare können bei Wasserkontakt noch immer nesseln!

Gemeiner Seestern *Asterias rubens*

Größe: bis 30 cm
Verbreitung: Mittelmeer, Atlantik, Nordsee, westliche Ostsee
Häufigkeit: ●●●●○

Beschreibung: Seesterne sind in Nord- und Ostsee sehr häufig, werden nach Stürmen oft in großer Zahl an den Strand gespült. Sie leben auf Muschelbänken, kommen bis in 200 m Wassertiefe vor. Seesterne haben an den Armspitzen rötliche Augenflecken, mit denen sie zumindest hell und dunkel unterscheiden können.

Wissenswertes: Seesterne fressen Muscheln, umschließen sie mit ihren Armen. Wenn diese dann ihre Klappen einen Spalt breit öffnet, zieht der Seestern ihre Klappen langsam auseinander. Dann stülpt er seinen Magen in die Muschel und verdaut ihre inneren Organe. Im Kampf verlorene Arme können regeneriert werden, manchmal sieht man dann Exemplare mit 4 oder 6 Armen.

Herz-Seeigel *Echinocardium cordatum*

Größe: bis 6 cm
Verbreitung: Mittelmeer, Atlantik, Nordsee
Häufigkeit: ●●○○○○

Beschreibung: Herz-Seeigel besitzen ein papierdünnes, sehr fragiles Gehäuse, das sich häufig nur zerbrochen am Strand findet. Frisch angespülte Tiere zeigen noch die zahlreichen eng anliegenden, kurzen Stacheln, die beim Austrocknen rasch abfallen. Die eingebuchtete Seite ist vorn.

Herz-Seeigel leben 10 bis 15 cm tief im Sediment vergraben. Sie atmen über einen langen Kanal, der bis zur Sedimentoberfläche reicht, nehmen darüber auch Nahrungspartikel auf.

Wissenswertes: Im Englischen heißt der Herz-Seeigel auch „sea potato" – Meerkartoffel.

Großer Schlangenstern *Ophiura ophiura*

Größe: Zentralscheibe bis 3 cm, Arme bis 13 cm
Verbreitung: Mittelmeer, Atlantik, Nordsee
Häufigkeit: ●●●○○

Beschreibung: Schlangensterne wirken viel graziler
und zerbrechlicher als die robusten Seesterne. Sie
besitzen eine zentrale Körperscheibe und lange, im
Verhältnis recht dünne Arme. Auf der hellen Bauchseite
erkennt man die zentrale Mundöffnung gut. Schlangensterne fressen Muscheln, kleine Krebse aber auch Aas.

Eine zweite Art, der Helle Schlangenstern *Ophiura alba*,
bleibt mit einem Durchmesser von 1,5 cm der Körperscheibe deutlich kleiner. Er besitzt lange, noch schlan-
kere Arme.

Wissenswertes: Schlangensterne findet man nur selten
am Strand. Sie können sich mit Hilfe ihrer Arme auf
die Bauchseite drehen, flüchten überraschend schnell
Richtung Wasser.

Gemeine Wattschnecke *Peringia ulvae*

Größe: bis 0,8 cm
Verbreitung: Atlantik, Nordsee, Ostsee
Häufigkeit: ●●●○○

Beschreibung: Die Gemeine Wattschnecke ist mit Sicherheit die häufigste Schnecke im Wattenmeer. Millionenfach kriecht sie auf der Suche nach Kieselalgen über den Schlick und hinterlässt dabei charakteristische, 2 bis 3 mm breite Kriechspuren. Ihre leeren Gehäuse werden in Gezeitentümpeln oder zwischen Wellenrippeln in teils zentimeterdicken Schichten zusammengespült. Frische Exemplare sind bräunlich, später verblassen sie. Die Umgänge sind deutlich gewölbt, die Mündung ist nahezu rund und oben leicht zugespitzt. In der Regel erreichen die Schnecken kaum die Fünfmillimetermarke.

Wissenswertes: Die Wattschnecke toleriert sogar einen geringen Salzgehalt von nur 1,5 Promille. Die Art wurde bis vor Kurzem in die Gattung *Hydrobia* gestellt.

Wellhornschnecke *Buccinum undatum*

Größe: bis 12 cm
Verbreitung: Atlantik, Nordsee, westliche Ostsee
Häufigkeit: ●●●●○

Beschreibung: Die Wellhornschnecke gehört zu den größten Schnecken in Nord- und Ostsee. Die wellenförmigen Anwachslinien auf den Umgängen führten zu ihrem Namen. Die Schnecke lebt auf steinigem Untergrund genauso wie auf Schlickböden. Sie kommt vom Flachwasser bis in 1000 m Wassertiefe vor.

Wissenswertes: Die Wellhornschnecke frisst Muscheln, Krebse und Würmer sowie Aas. Sie kann ihren Sipho ("Rüssel") bis auf eine mehrfache Körperlänge ausfahren und diesen zwischen die leicht klaffenden Schalen von Muscheln schieben. Eine auf diese Weise erbeutete Herzmuschel wird in einer Viertelstunde vertilgt. Die Wellhornschnecke kann 15 Jahre alt werden. Entlang der Küsten wird sie gegessen.

Laichballen der Wellhornschnecke *Buccinum*

Größe: über 10 cm
Verbreitung: Atlantik, Nordsee, westliche Ostsee
Häufigkeit: ●●●●○

Beschreibung: Die großen, an Styroporkugeln erinnernden Laichballen der Wellhornschnecke sind häufig im Spülsaum zu entdecken. Sie bestehen aus bis zu 2000 Eikapseln, die jeweils etwa 1000 Eier enthalten. Allerdings entwickeln sich nur rund 10 Jungtiere pro Kapsel, die übrigen Eizellen dienen dem Nachwuchs als Nahrung.

Wissenswertes: Die leeren Laichballen wurden früher von Fischern als „Seeseifenkugeln" zur Handwäsche genommen, Hausfrauen haben damit Töpfe geschrubbt und Kinder nutzten die getrockneten und zerkleinerten Kapseln als Juckpulver.

Gemeine Strandschnecke *Littorina littorea*

Größe: bis 3 cm
Verbreitung: Mittelmeer, Atlantik, Nordsee, westliche
Ostsee
Häufigkeit: ●●●●●

Beschreibung: Die Gemeine oder Große Strandschnecke gehört zu den häufigsten Schneckenarten in
unseren Küstengewässern. Sie besitzt ein spitzkegeliges
Gehäuse, die Umgänge sind nur wenig gewölbt und die
Nahtlinie ist relativ flach. Die Mündungslippe schmiegt
sich oben sanft an das Gehäuse an.

Wissenswertes: Diese Schnecke kann ihre Mündung
in Trockenperioden mit einem Operculum (Deckel) verschließen, das Tier kann auf diese Weise bis zu 20 Tage
ohne Wasser überdauern.

Die Strandschnecke ist essbar, sie wird auf Helgoland als
„Hölker" angeboten.

Pelikanfuß *Aporrhais pespelecani*

Größe: bis 4,5 cm
Verbreitung: Mittelmeer, Atlantik, Nordsee
Häufigkeit: ●●○○○

Beschreibung: Seine flügelartig ausgezogene Mündungslippe macht den Pelikanfuß unverwechselbar, jungen Exemplaren fehlt sie jedoch noch. Das spitze Gehäuse trägt 8 bis 10 Windungen, die mit mehreren Knotenreihen versehen sind.

Wissenswertes: Der Pelikanfuß lebt eingegraben im Sand in 10 bis 100 m Wassertiefe. Über zwei durch Schleim stabilisierte Kanäle wird Frischwasser eingestrudelt. Mit ihrem Sipho suchen die Tiere das Sediment nach Nahrungspartikeln ab. Leere Gehäuse werden besonders nach Stürmen angespült, ansonsten sind sie eher selten.

10 Millionen Jahre alte fossile Artverwandte finden sich im Glimmerton am Morsum-Kliff (S. 137).

Pantoffelschnecke *Crepidula fornicata*

Größe: bis 6 cm
Verbreitung: Mittelmeer, Atlantik, Nordsee
Häufigkeit: ●●●○○

Beschreibung: Das klauen- oder mützenförmige Gehäuse der Pantoffelschnecke erinnert tatsächlich an einen alten Hausschuh. Beim ersten Hinsehen würde man eher an eine Muschel als an eine Schnecke denken. Auf der Bauchseite sieht man jedoch eine dünne Scheidewand, die etwa die Hälfte der Schale bedeckt. Die Mündung ist halbkreisförmig, das Gewinde ist bis auf einen kurzen Wirbel reduziert und seitlich eingekrümmt.

Wissenswertes: Die Pantoffelschnecke lebt auf Miesmuschelbänken. Junge Exemplare sind zunächst männlich. Wenn sich Artgenossen auf ihrer Schale festsetzen, machen sie eine Geschlechtsumwandlung durch und werden weiblich. Auf diese Weise bilden sich Ketten von bis zu einem Dutzend Tieren, von denen stets die oberen männlich sind.

Die Pantoffelschnecke stammt aus Nordamerika, ist seit den 1930er Jahren im Wattenmeer heimisch.

Netzreusenschnecke *Tritia reticulatus*

Größe: bis 3 cm
Verbreitung: Mittelmeer, Atlantik, Nordsee, westliche Ostsee
Häufigkeit: ●●●○○

Beschreibung: Das Gehäuse ist spitzkegelig und dickwandig, die Umgänge sind mäßig gewölbt mit einer kräftigen gitterartigen Skulptur. Die Mündung ist längsoval, oben zugespitzt und nach unten offen. Hier tritt der Sipho aus. Mit seiner Hilfe spürt sie tote Beutetiere auf, die sie aufgrund ihres hervorragenden Geruchssinns noch in 30 m Entfernung ausmachen kann.

Wissenswertes: Die Schnecke lebt eingegraben im Sediment. Bei Gefahr kann sie sich durch ein ruckartiges Schlagen ihres Fußes mit regelrechten Sprüngen in Sicherheit bringen.

Die Art wurde früher in die Gattungen *Hinia* und *Nassarius* gestellt.

Miesmuschel *Mytilus edulis*

Größe: bis 10 cm
Verbreitung: Mittelmeer, Atlantik, Nordsee, westliche Ostsee
Häufigkeit: ●●●●●

Beschreibung: Der Umriss der Miesmuschelschalen ist schief dreieckig. Der Wirbel liegt fast am Vorderende. Direkt dahinter liegt das Ligament, das beide Klappen auch nach dem Tod der Tiere noch zusammenhält. Junge Tiere sind goldgelb, helle Strahlen ziehen vom Wirbel nach hinten. Später wird das Periostracum dunkelbraun bis schwarz, abgeriebene Schalen sind bläulich. Das Perlmutt auf der Schaleninnenseite glänzt silbrig.

Wissenswertes: Miesmuscheln heften sich mit sogenannten Byssusfäden an den Untergrund. Sie leben in großen Kolonien („Muschelbänke"). Leere Schalen werden häufig von Moostierchen, Kalkröhrenwürmern oder Seepocken besiedelt. Die Muscheln selbst sind essbar und schmackhaft.

Gemeine Herzmuschel *Cerastoderma edule*

Größe: bis 5 cm
Verbreitung: Mittelmeer, Atlantik, Nordsee, Ostsee
Häufigkeit: ●●●●●

Beschreibung: Die Klappen der Gemeinen oder Essbaren Herzmuschel sind rund bis schief dreieckig und tragen bis zu 28 kräftige Rippen, die man auch auf der Schaleninnenseite erkennt. Sie sind stark gewölbt und kräftig, der Wirbel ist eingekrümmt. Ein horniges Ligament hinter dem Wirbel hält sie auch noch nach dem Tod zusammen. Eine Mantelbucht ist nicht vorhanden.

Wissenswertes: Die Herkunft des Namens dieser Muschel wird deutlich, wenn man doppelklappige Exemplare von der Seite betrachtet (Bild rechts).

Die Herzmuschel ist mit Abstand die häufigste und bekannteste Muschel entlang der deutschen Küsten. Sie lebt flach eingegraben im Sand- und Schlickwatt. Sie wird kommerziell gefangen und gerne gegessen.

Sandklaffmuschel *Mya arenaria*

Größe: bis 15 cm
Verbreitung: Atlantik, Nordsee, Ostsee
Häufigkeit: ●●●●●

Beschreibung: Die Sandklaffmuschel ist die größte Muschel der Nord- und Ostsee. Das Vorderende der Schalen ist abgerundet, das Hinterende leicht zugespitzt. Auf der Innenseite ist hier die tiefe Mantelbucht zu erkennen. Die linke Klappe trägt unterhalb des Wirbels das sogenannte Chondrophor, einen schaufelartigen Fortsatz, an dem das innere Ligament ansetzt.

Wissenswertes: Die Muschel lebt 30 cm tief im Sediment und strudelt über lange Siphonen Nahrungsteilchen ein. Nur junge Muscheln können sich eingraben, später bildet sich der Grabfuß zurück. Freigespülte Exemplare gehen zugrunde, weil sie sich nicht wieder eingraben können. Diese Muschelart wurde im 14. Jahrhundert aus Nordamerika eingeführt.

Baltische Plattmuschel *Macoma balthica*

Größe: bis 3 cm
Verbreitung: Atlantik, Nordsee, westliche Ostsee
Häufigkeit: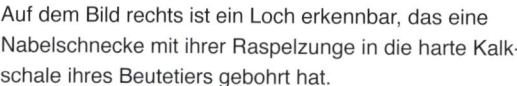

Beschreibung: Die Baltische Plattmuschel, auch „Rote Bohne". Frische Schalen sind häufig rot, aber auch gelbe, braune, orange, rosa und weiße Klappen kommen vor. Die Innenseite der Klappen ist immer rötlich oder gelblich. Das Hinterende ist leicht zugespitzt. Der Wirbel liegt etwa in der Schalenmitte. Eine Mantelbucht fehlt.

Wissenswertes: Die Muschel liegt auf der Seite im Sand vergraben. Über zwei kurze Siphone strudelt sie Frischwasser und Nahrungspartikel ein. Ältere Schalen sind gelbbraun oder blaugrau. Ihre vielen Farben und kräftige Bänderung machen sie zum beliebten Sammlungsobjekt.

Auf dem Bild rechts ist ein Loch erkennbar, das eine Nabelschnecke mit ihrer Raspelzunge in die harte Kalkschale ihres Beutetiers gebohrt hat.

Dickschalige Trogmuschel *Spisula solida*

Größe: bis 5 cm
Verbreitung: Atlantik, Nordsee
Häufigkeit: ●●●●○

Beschreibung: Die kräftigen Klappen der Dickschaligen oder Festen Trogmuschel sind längsoval im Umriss, der Wirbel befindet sich etwa in der Schalenmitte. Deutliche Anwachslinien laufen konzentrisch vom Wirbel nach außen. Die Schalen sind cremeweiß bis orange getönt, häufig tragen sie kräftige Farbbänder. Die Mantelbucht ist zungenförmig, etwa genauso tief wie breit. Die beiden Schließmuskelabdrücke sind ungefähr gleich groß.

Wissenswertes: Die Dickschalige Trogmuschel lebt flach eingegraben im Sand in 15 bis 40 m Wassertiefe, selten bis 160 m. Sie wird manchmal massenhaft an den Strand gespült. Die Muschel wurde von 1992 bis 1996 befischt, heute dient sie nur noch Plattfischen als Nahrung.

Gedrungene Trogmuschel *Spisula subtruncata*

Größe: bis 3 cm
Verbreitung: Mittelmeer, Atlantik, Nordsee, westliche Ostsee
Häufigkeit: ●●●●○

Beschreibung: Die Gedrungene Trogmuschel ist kleiner und höher gewölbt als ihre Verwandte, die Dickschalige Trogmuschel. Ihre Klappen sind hinten leicht zugespitzt. Vom Wirbel bis zum Hinterende verläuft ein abgeflachtes Feld.

Wissenswertes: Die Gedrungene Trogmuschel ist bei Trauerenten eine sehr beliebte Speise, wird aber auch von Raubschnecken gejagt. Wie übrigens auch die Dickschalige Trogmuschel kann sich diese Art bei Gefahr durch Sprünge mit ihrem Fuß in Sicherheit bringen.

Sie ist Bestandteil des spanischen Reisgerichts Paella und wird daher im Mittelmeerraum gezielt befischt.

Sägezähnchen *Donax vittatus*

Größe: bis 3 cm
Verbreitung: Atlantik, Nordsee
Häufigkeit: ●●●●○

Beschreibung: Die Klappen des Sägezähnchens sind schief dreieckig im Umriss. Der Wirbel liegt deutlich hinter der Mitte. Das Vorderende der Schalen ist breit zungenförmig, das Hinterende kurz. Die Mantelbucht ist tief, die Schließmuskelansatzstellen sind nahezu gleich groß. Fährt man mit dem Fingernagel über den unteren Schalenrand, spürt man die feine Rippung, die der Muschel ihren Namen gab. Man kennt das Sägezähnchen außerdem als Dreiecks- oder Stumpfmuschel.

Wissenswertes: Die Muschel ist essbar. In Italien findet man sie als „Arselle" und in Spanien als „Coquinas" auf der Speisekarte.

Strahlenkörbchen *Mactra stultorum*

Größe: bis 6 cm
Verbreitung: Atlantik, Nordsee
Häufigkeit: ●●●○○

Beschreibung: Die Schalen des Strahlenkörbchens sind stark gewölbt, dünn und zerbrechlich. Der Wirbel befindet sich etwa in der Schalenmitte. Die Oberfläche ist glatt, glänzend und fein konzentrisch gerippt. Bei frischen Schalen laufen helle Strahlen vom Wirbel zum Schalenrand, die der Muschel ihren Namen gaben. Das Farbmuster der Schalen verblasst relativ schnell, wenn die Muscheln im Sand liegen, ebenso die violett gefärbte Schaleninnenseite. Die Mantelbucht ist etwa genauso breit wie lang. Die Muskeleindrücke sind gleich groß.

Wissenswertes: Die Muschel liegt flach eingegraben im Sand. In den Klappen lebt häufig eine kleine, parasitische Krabbe, der sogenannte Muschelwächter *Pinnotheres pisum*. Man bezeichnet diese Muschelart auch als Bunte Trogmuschel oder Narrenkappe.

Amerikanische Scheidenmuschel *Ensis directus*

Größe: bis 17 cm
Verbreitung: Atlantik, Nordsee, westliche Ostsee
Häufigkeit: ●●●●●

Beschreibung: Die Schalen der Amerikanischen Schwert- oder Scheidenmuschel sind sehr lang und schmal. Sie sind leicht gebogen und von einem olivgrünen Periostracum überzogen, das bei älteren Schalen leicht abblättert. Die Mantelbucht im Inneren, dort wo die Schalen klaffen, besitzt eine deutliche Spitze, die in Richtung des Schließmuskels zeigt, was diese Muschelart von der heimischen *E. ensis* mit halbkreisförmiger Mantelbucht leicht unterscheidbar macht.

Wissenswertes: Die Amerikanische Scheidenmuschel gelangte 1978 als Larve im Ballastwasser von Schiffen in die Nordsee. Sie hat sich seit dieser Zeit rasant ausgebreitet und ist mittlerweile sogar schon in die westliche Ostsee vorgedrungen.

Amerikanische Bohrmuschel *Petricola pholadiformis*

Größe: bis 7 cm
Verbreitung: Atlantik, Nordsee, Ostsee
Häufigkeit: ●●●●○

Beschreibung: Die Schalen der Amerikanischen Bohrmuschel sind langge-
streckt elliptisch und mit radialen Rippen versehen, von denen die vorderen ras-
pelartige Schuppen tragen. Der Wirbel liegt weit in der vorderen Schalenhälfte.
Beide Klappen sind durch ein horniges Ligament miteinander verbunden, sodass
man häufig doppelklappige Exemplare findet. Die Mantelbucht ist tief.

Wissenswertes: Die Muschel bohrt in Ton, Torf, Klei und weichen Felsen. Sie
stammt ursprünglich aus Nordamerika – so erklärt sich ihr Name. Erst seit dem
Beginn des 20. Jahrhunderts ist in der Nordsee heimisch. Trotzdem gehört sie
heute bereits zu unseren häufigsten Bohrmuscheln. Man bezeichnet sie auch als
Engelsflügel.

Venusmuschel *Venerupis senegalensis*

Größe: bis 5 cm
Verbreitung: Mittelmeer, Atlantik, Nordsee
Häufigkeit: ●●●○○

Beschreibung: Die Venus- oder Kleine Teppichmuschel besitzt eine dicke Schale, die von vielen feinen, konzentrischen Streifen und einigen unscheinbaren, senkrechten Rippen bedeckt ist. Der Wirbel liegt in der vorderen Schalenhälfte. Die Mantelbucht ist groß und mindestens doppelt so lang wie breit. Dieses Merkmal unterscheidet die Muschel von anderen Arten. Frische Klappen tragen ein markantes Zickzack-Muster, das aber schnell verblasst.

Wissenswertes: Die Venusmuschel lebt eingegraben im Sediment, wo sie sich mit Byssusfäden zusätzlich verankern kann.

Der früher gebräuchliche Name *Venerupis pullastra* ist ein Synonym von *V. senegalensis*.

Graue Teppichmuschel *Venerupis senescens*

Größe: bis 5 cm
Verbreitung: Atlantik, Nordsee, Ostsee
Häufigkeit: ●○○○○

Beschreibung: Die Schalen der Grauen oder Fossilen Teppichmuschel sind schief dreieckig, das Hinterende ist leicht zugespitzt. Der Wirbel ist etwas nach vorn eingekrümmt. Die Mantelbucht ist schmal und mäßig tief. Oftmals ist die Oberfläche der Klappen, besonders in Wirbelnähe, beschädigt.

Wissenswertes: Die Graue Teppichmuschel stammt aus eemzeitlichen Sanden, die zwischen der letzten und der vorletzten Eiszeit abgelagert wurden, und gelangt gelegentlich bei Sandvorspülungen an den Strand. Sie findet sich vor allem entlang der niederländischen Küste, auf den ostfriesischen Inseln und gelegentlich am Strand von Sylt. Sie hat ein Alter von rund 120.000 Jahren.

Islandmuschel *Arctica islandica*

Größe: bis 12 cm
Verbreitung: Mittelmeer, Atlantik, Nordsee
Häufigkeit: ●●●○○

Beschreibung: Die Islandmuschel hat sehr schwere dicke Schalen, die von einem dunklen Periostracum überzogen sind. Liegen die Schalen länger am Strand, blättert diese Schutzschicht schnell ab. Das Schloss ist kräftig, die Schließmuskeleindrücke sind gleich groß. Eine Mantelbucht ist nicht vorhanden.

Wissenswertes: Die Islandmuschel lebt in 10 bis 40 m Wassertiefe abwechselnd auf dem Meeresboden und einige Zentimeter tief eingegraben.

Man kennt einen Vorläufer der Islandmuschel schon aus dem miozänen Holsteiner Gestein (20 Millionen Jahre). Mit einer Lebenserwartung von über 500 Jahren (!) gehört die Islandmuschel zu den ältesten Tieren auf diesem Planeten. Auf Island wird sie gegessen.

Pfeffermuschel *Scrobicularia plana*

Größe: bis 6 cm
Verbreitung: Mittelmeer, Atlantik, Nordsee, westliche Ostsee
Häufigkeit: ●●●○○

Beschreibung: Die Große Pfeffermuschel besitzt sehr flache, fast kreisrunde und äußerst dünne Schalen mit feinen Anwachslinien. Weil die Schalen leicht zerbrechen, findet man häufig beschädigte Exemplare am Spülsaum. Der Wirbel befindet sich in der Mitte der Klappen. Das Schloss ist klein, die linke Klappe trägt einen, die rechte zwei Zähne. Die Mantelbucht ist sehr groß, dementsprechend hat die Muschel lange Siphonen und lebt 15 bis 20 cm tief im Sediment der Gezeitenzone vergraben.

Wissenswertes: Pfeffermuscheln sind essbar, haben aber einen scharfen Beigeschmack (daher der Name). Sie können bis zu 18 Jahre alt werden.

Europäische Auster *Ostrea edulis*

Größe: bis 15 cm
Verbreitung: Atlantik, Nordsee
Häufigkeit: ●●●●○

Beschreibung: Die Europäische Auster ist ungleichklappig, d. h. sie besitzt zwei verschieden gestaltete Schalen. Mit der unregelmäßig rundlichen, schuppigen und größeren linken Klappe ist die Auster an einem Hartgrund festgewachsen. Die flache rechte Klappe (Bild rechts) mit einer eher welligen Oberfläche liegt wie ein Deckel auf. Die Schalen sind zumeist schwarz bis stahlgrau, verblichen werden sie gelblich bis schmutzig-weiß.

Wissenswertes: Die Europäische Auster ist in den deutschen Küstengewässern seit einigen Jahrzehnten ausgestorben. Angespülte Schalen können bis zu 100 Jahre alt sein.

Austern gelten seit der Steinzeit als Delikatesse. Sie werden mit Zitrone beträufelt und roh geschlürft.

MUSCHELN

Pazifische Auster *Crassostrea gigas*

Größe: bis über 30 cm
Verbreitung: Mittelmeer, Atlantik, Nordsee
Häufigkeit: ●●●●●

Beschreibung: Die Pazifische oder Felsenauster stammt ursprünglich aus Ostasien und wurde über Muschelzuchten ins Wattenmeer eingeschleppt. Sie wächst schneller als die Europäische Auster und produziert mehr Eier. Man findet sie mittlerweile flächendeckend an Steinen der Küstenbefestigung, Findlingen im Wattenmeer und auf vielen anderen Hartgründen entlang der deutschen Nordseeküste.

Wissenswertes: Seit Anfang der 90er Jahre wird die Felsenauster auf Sylt kommerziell gezüchtet. Die ersten aus der Kultur entkommenen Exemplare hat man 1998 gefunden. Nur 8 Jahre später waren nahezu alle heimischen Miesmuschelbänke mit Felsenaustern besetzt.

Gemeiner Tintenfisch *Sepia officinalis*

Größe: Schulp bis 20 cm
Verbreitung: Atlantik, Nordsee, Ostsee
Häufigkeit: ●●●●○

Beschreibung: Sein schneeweißer bis elfenbeinfarbener Schulp dient dem Gemeinen Tintenfisch als Auftriebskörper, den er wie einen Rucksack auf dem Rücken trägt. Er besteht aus dünnen Kalklagen (Aragonit), die durch winzige Stützpfeiler gegeneinander abgegrenzt sind. Eine dünne Chitinhaut umgibt den Schulp seitlich, platzt aber leicht ab.

Wissenswertes: Nur sehr selten wird ein Kadaver des Gemeinen Tintenfisches an den Strand getrieben. Den Schulp dieser Tiere findet man hingegen häufig im Angespül.

Schulpe des Tintenfischs werden Vögeln in den Käfig gehängt, damit sie ihren Schnabel daran wetzen können, außerdem dienen sie Goldschmieden als Gussform. Man kann den Schulp auch zum Schmirgeln verwenden, um Farbreste von harten Materialien zu entfernen.

Furchen-Entenmuschel *Dosima fascicularis*

Größe: bis 4 cm
Verbreitung: Atlantik, Nordsee
Häufigkeit: ●●○○○

Beschreibung: Entenmuscheln sind in Wahrheit Rankenfußkrebse wie die Seepocken. Die Schale besteht aus fünf Platten. Das lebende Tier und besonders der Stiel sind leuchtend blau gefärbt. Bei leicht geöffneten Schalen sieht man die langen Rankenfüßchen, mit denen der Krebs Nahrung aus dem Wasser fängt.

Wissenswertes: Während die Furchen-Entenmuschel an einem selbstgefertigten Schaumfloß durch den Atlantik treibt, ist die Entenmuschel *Lepas* (Bild rechts) mit ihrem Stiel vorwiegend an Treibholz angeheftet. Entenmuscheln sind Hochseetiere, die nach Stürmen gelegentlich an den Strand gespült werden.

Entenmuschel – *Lepas anatifera*

Strandflohkrebs *Talitrus saltator*

Größe: bis 1,5 cm
Verbreitung: im Angespül, im Seetang und unter Steinen
Häufigkeit: ●●●●●

Beschreibung: Flohkrebse machen ihrem Namen alle Ehre – sie können bis zu 30 cm weit springen. Der Strandfloh lebt im feuchten Sand unter Seetang oder Steinen, dort, wo die Wellen den Strand überspülen. Er orientiert sich am Sonnenstand, kennt Tages- und Jahreszeiten an „seinem" Strand. An einem fremden Strand mit anderer Ausrichtung würde er den Weg zum Wasser nicht finden.

Wissenswertes: Der ähnliche, meist grün gefärbte Küstenhüpfer *Orchestrella* hat kräftige Greiforgane am zweiten Beinpaar (Lupe!).

Im Wasser zwischen den Algen kommt der kleine Tangflohkrebs *Gammarus* (Bild rechts) vor.

Tangflohkrebs – *Gammarus locusta*

Gemeine Seepocke *Semibalanus balanoides*

Größe: bis 1,5 cm
Verbreitung: Atlantik, Nordsee, westliche Ostsee
Häufigkeit: ●●●●●

Beschreibung: Seepocken sind festsitzende Rankenfußkrebse, deren Gehäuse aus 6 miteinander verwachsenen Kalkplatten besteht. Die in der Mündung liegenden Platten nennt man Scutum und Tergum, die sinusartig ineinander greifen. Bei abgebrochenen Gehäusen kann man die Basalplatte erkennen, mit der das Tier am Untergrund festgeheftet ist. Sie trägt ein charakteristisches und artspezifisches Muster. Bei geöffneten Platten können die Rankenfüßchen herausgestreckt werden, um Nahrung aus dem Wasser zu fangen. Seepocken besiedeln Steine, Muschelschalen, Krebspanzer, Pfähle und Schiffsrümpfe. Sie vertragen gelegentliches Trockenfallen, müssen aber regelmäßig vom Wasser überspült werden.

Wissenswertes: Es gibt 7 Arten von Seepocken in den deutschen Küstengewässern.

Seepocken bilden kurz unterhalb der Wasserlinie weiße Gürtel, sodass man an besiedelten Findlingen oder Pfählen gut den durchschnittlichen Wasserstand ablesen kann.

Strandkrabbe *Carcinus maenas*

Größe: Panzer bis 8 cm breit
Verbreitung: In flachem Wasser, zwischen Steinen
Häufigkeit: ●●●●●

Beschreibung: Krabben sind Kurzschwanzkrebse, tragen den ehemals langen Hinterleib (schmal beim Männchen, breit beim Weibchen) umgeklappt auf der Bauchseite. Sie besitzen 5 Laufbeinpaare, von denen das vorderste kräftige Scheren trägt. Die Mundwerkzeuge befinden sich mittig unterhalb des Vorderrandes. Der Rückenpanzer ist vorn gezähnt. Krebse müssen sich regelmäßig häuten, sodass man häufig lose Panzer am Strand finden kann.

Wissenswertes: Strandkrabben bewegen sich meist seitwärts, weshalb sie im Volksmund „Dwarslöper" (Querläufer) heißen.

Bauchseite eines Männchens (oben) und Weibchens (unten).

Taschenkrebs *Cancer pagurus*

Größe: Panzer bis 30 cm breit
Verbreitung: auf Steinen und Felsen bis in 100 m Tiefe
Häufigkeit: ●●●○○

Beschreibung: Taschenkrebse werden sehr groß, mitunter kann man handgroße Panzer im Spülsaum finden. Taschenkrebse leben auf sandigem bis felsigen Untergrund, kommen bis in 100 m Wassertiefe vor. Sie sind nachtaktiv. Die kräftigen Scheren können mühelos Muscheln, Schnecken, Seesterne, Seeigel oder Krebspanzer knacken. Häufig sind Panzer, auch schon bei lebenden Tieren, mit Seepocken bewachsen.

Man erkennt abgetrennte Scheren an den schwarzen Scherenfingern.

Wissenswertes: Auf Helgoland wird der Taschenkrebs als „Knieper" serviert und gilt als echte Delikatesse.

Einsiedlerkrebs *Eupagurus bernhardus*

Größe: bis 10 cm
Verbreitung: vom Flachwasser bis in 2.000 m Wassertiefe
Häufigkeit: ●●●○○

Beschreibung: Der Einsiedlerkrebs lebt in verlassenen Schneckenhäusern, bevorzugt jene der Strandschnecke oder der Wellhornschnecke. Bewohnte Gehäuse sind in der Regel von dem Stachelpolypen *Hydractinia* überkrustet, der dem Einsiedler Tarnung verschafft.

Einsiedlerkrebse haben einen ungepanzerten Hinterleib. Neben dem Scherenpaar mit der kräftigeren rechten Schere und zwei Paaren von Laufbeinen, die aus dem Gehäuse hervorgestreckt werden, hat der Einsiedler nur noch zwei reduzierte Beinpaare, die das Gehäuse halten. Einsiedler fressen Würmer oder Aas.

Wissenswertes: Mit der kräftigen rechten Schere kann der Einsiedlerkrebs sein Gehäuse verschließen, wenn er sich darin zurückzieht. Die kleine linke Schere dient der Nahrungsaufnahme.

Nordseegarnele *Crangon crangon*

Größe: bis 8 cm
Verbreitung: Wattenmeer, auf Sandböden
Häufigkeit: ●●●●●

Beschreibung: Die Nordseegarnele ist wohl der bekannteste und schmackhafteste Krebs in Nord- und Ostsee. Sie ist als „Krabbe" vom Brötchen oder Beilage zur Kutterscholle bekannt. „Krabben" sind aber Kurzschwanzkrebse (vgl. Strandkrabbe, S. 98), deren Hinterleib auf die Bauchseite umge- schlagen ist. Sie gehören zu den Langschwanz- krebsen und damit in die Verwandtschaft von Hummer und Languste. Sie laufen Badenden gern über die Füße und graben sich blitzschnell ein.

Wissenswertes: 2005 betrug die jährliche Fang- menge noch 38.000 t, 2023 nur noch 6.000 t.

Für 1 kg Fleisch muss man 3 kg Krabben mit einer typischen Drehbewegung den Panzer entfernen.

Wattwurm *Arenicola marina*

Größe: bis 25 cm
Verbreitung: Mittelmeer, Atlantik, Nordsee, westliche Ostsee
Häufigkeit: ●●●○○

Beschreibung: Jeder kennt den Wattwurm, oder vielmehr die knäuelartigen Sandhäufchen (kleines Bild), die von seiner Existenz 25 cm unter der Wattoberfläche zeugen. Der Wurm lebt in selbstgegrabenen, u-förmigen Röhren. Er frisst auf der einen Seite Sediment, verdaut die organischen Bestandteile und scheidet auf der anderen Seite des Ganges die nicht verwertbaren Sandreste in charakteristischen Kothäufchen wieder aus. In der Nachbarschaft jedes Haufens findet man also auch den Fresstrichter der Tiere.

Der Wattwurm selbst besitzt einen Kopf, 13 mit Kiemenbüscheln besetzte Segmente und einen langen Hinterleib.

Wissenswertes: Der Wattwurm wird 2 Jahre alt und kann in dieser Zeit 50 kg Sand verarbeiten.

Pümpwurm, „Sandkoralle" *Sabellaria spinulosa*

Größe: Wurm bis 5 cm
Verbreitung: Priele im Wattenmeer, heute ausgestorben
Häufigkeit: ●●●○○

Beschreibung: Noch vor wenigen Jahrzehnten gab es ausgedehnte Riffe in tiefen Prielen vor der Küste Sylts. Diese waren aber keine Korallenriffe, welche im kalten Wasser der Nordsee nicht existieren können, sondern bis zu 1 m hohe Sandgebilde, gebaut von tausenden kleiner Ringelwürmer, die Sandkörnchen verschleimt und zu gewundenen, dicht gedrängt liegenden Wohnröhren verwoben haben. Bereits in den 1920er Jahren wurden die Sandriffe durch Schleppnetzfischerei geschädigt, etwa 70 Jahre später war auch das letzte Sandkorallenriff vor Amrum dem Wattboden gleichgemacht.

Wissenswertes: Gelegentlich werden abgerollte Bruchstücke alter Riffe angespült, die verklebten Sandklumpen sind im Meerwasser lange haltbar, aber je älter die Relikte werden, desto mehr setzt ihnen die Erosion zu.

Blättermoostierchen *Flustra foliacea*

Größe: bis 20 cm
Verbreitung: Mittelmeer, Atlantik, Nordsee,
westliche Ostsee
Häufigkeit: ●●●●○

Beschreibung: Die blatt- bis strauchartigen Gebilde,
die sich häufig im Angespül finden, sind eigentlich
eine Tierkolonie, die aus zigtausenden von Einzel-
organismen besteht. Sieht man ganz genau hin,
erkennt man zahlreiche Porenöffnungen, in denen
kleine Polypen saßen und Nahrungspartikel aus dem
Wasser filterten. Die Kolonie ist mit einer flachen
Haftscheibe an Steinen oder anderen Hartgründen
festgewachsen. Die einzelnen „Blätter" sind mehrfach
fächerartig verzweigt, die Ecken stets abgerundet.

Wissenswertes: Blättermoostierchen wachsen nur
im Sommer. Dadurch entstehen „Wachstumsringe",
mit denen das Alter einer Kolonie bestimmbar ist.

Zottige Seerinde *Electra pilosa*

Größe: Kolonie bis über 10 cm
Verbreitung: Flachwasser, auf Hartgründen
Häufigkeit: ●●●○○

Beschreibung: Moostierchen bilden Kolonien von vielen hundert bis vielen tausend mikroskopisch kleinen Tieren (Zooide). Jedes lebt in einer kleinen, schützenden Schale, dem Zooecium. Rund um deren Öffnung stehen kleine Dornen, von denen einer besonders lang werden kann. Die Kolonie *Electra pilosa* besiedelt nahezu alle möglichen Untergründe, kommt häufig auf großen Seetang-Thalli oder auf Muschelschalen vor. Die Ränder der Zottigen Seerinde sind „ausgefranst", kleine Kolonien sind sternförmig. Es gibt auch Wuchsformen, die aus kleinen, dicht gedrängt stehenden Ästchen bestehen und die als Büschel nach Stürmen an den Strand gespült werden.

Wissenswertes: Die Larve eines Moostierchens setzt sich auf einem geeigneten Untergrund fest, durchläuft eine Metamorphose (Gestaltwandlung) und bildet schließlich durch Knospung genetisch identische Tochter-Zooide. Auf diese Weise können große Kolonien entstehen.

GESCHIEBE UND GERÖLLE

Die Gletscher der Eiszeit haben Steine aus den nordischen Ländern zu uns gebracht. Im gewachsenen Felsen Baltoskandiens sind kleine Risse, in die Wasser eindringt und gefriert. Eine Cola-Flasche im Eisfach platzt, weil das Eis sich ausdehnt. Genauso brechen riesige Steinblöcke aus dem anstehenden Felsen heraus, frieren im Eis fest und werden mitgeschleppt. Da die Gletscher die Steine zu uns geschoben haben, nennt man sie **Geschiebe**.

Nach dem Abtauen der Gletscher bleiben die Steine fern der Heimat zurück. Sie stammen aus Dänemark, Norwegen, Schweden, Finnland, Estland oder vom Grunde der Ostsee. Die gesamte Geologie des baltoskandinavischen Raums liegt auf 100 m Strand verstreut. Steine aus dem Oslo-Gebiet liegen neben solchen aus Schonen oder Südwest-Finnland. Bei einigen Gesteinen kennt man ihre geographische Herkunft sehr genau. Sie können mitunter einem wenige hundert Quadratmeter großem Gebiet oder einem nur 5 cm mächtigen stratigraphischen Horizont zugeordnet werden. Kennt man die Heimat eines Geschiebes, so kann man mit ihrer Hilfe die Richtung des Gletscherstroms oder das Alter des Gletschervorstoßes rekonstruieren. Man spricht dann von **Leitgeschieben**.

Einige Geschiebe sind mehr als 1000 km transportiert worden. Viele wurden auf ihrem Weg zu Sand zerrieben, andere zieren als tonnenschwere Findlinge das Landschaftsbild. Es gibt Gesteine mit einem Alter von über zwei Milliarden Jahren (das ist fast halb so alt wie die Erde!), einige stammen aus der Zeit der Dinosaurier und manche sind „nur" wenige Millionen Jahre alt. Die ältesten Fossilien, die wir am Strand finden können, sind fast 550 Millionen Jahre alt, zeugen vom Beginn des Lebens und der kambrischen Explosion. Funde von versteinerten Lebewesen aus fast allen erdgeschichtlichen Epochen und allen Tiergruppen sind möglich. Und diese Vielfalt, die uns die Hinterlassenschaften der Eiszeiten bieten, ist einzigartig.

Aber auf Sylt gibt es nicht nur Steine der Eiszeit. Der am Morsum-Kliff anstehende Glimmerton und der Limonit-Sandstein sind hier an Ort und Stelle vor bis zu 10 Millionen Jahren entstanden. Man spricht vom **„Anstehenden"**, auch wenn das Eis diese Schichten glazialtektonisch aufgestaucht hat.

Der Kaolinsand wurde durch ein großes Flusssystem, dem Baltischen Urstrom, vor 2,6 bis 5,3 Millionen Jahren hier abgelagert. Neben den elfenbeinfarbenen Sandkörnchen brachten die großen Wasserströme Gesteine und Fossilien aus einem noch nicht genau bekannten Gebiet, wohl im Nordbaltikum gelegen, mit. Weil diese Steine nicht eis- sondern wassertransportiert sind, nennt man sie **Gerölle**. Es sei hier allerdings angemerkt, dass die wenig abgerollten Schwämme (S. 154 ff) einen reinen Flusstransport nicht im vorliegenden guten Erhaltungszustand überstanden hätten.

Granit

Alter: Präkambrium, 900 Millionen bis 1,8 Milliarden Jahre
Herkunft: Bornholm (DNK), Schweden, Finnland
Häufigkeit: ●●●●●

Beschreibung: Ein Granit ist ein Tiefengestein (Plutonit), das in mehr als 10 km Tiefe aus erstarrtem Magma entstanden ist. Es ist aus drei Mineralen aufgebaut: Feldspat (rot), Quarz (grau) und Glimmer (schwarz). Die Kristalle sind richtungslos angeordnet. Erstarrt die Gesteinsschmelze in der Tiefe schnell, bleiben die Kristalle klein. Erstarrt sie langsam, haben sie Zeit zum Wachsen und werden entsprechend größer. Man unterscheidet demnach fein-, mittel- oder grobkörnige Granite. Riesenkörnige Granite heißen Pegmatit. Die Anordnung der ein Gestein aufbauenden Minerale im Raum nennt man Gefüge.

Wissenswertes: Granite sind in Skandinavien weit verbreitet. Alle Granite bestehen aus Feldspat, Quarz und Glimmer. Nach der chemischen Zusammensetzung unterscheidet man Feldspat in Kalifeldspat (überwiegend rot, rosa, orange) und Plagioklas (häufig weiß, gelb, grün).

Rapakivi-Granit

Alter: Präkambrium, 1,6 Milliarden Jahre
Herkunft: Åland (FIN)
Häufigkeit: ●●●●●○

Beschreibung: Rapakivi-Granite sind besondere Granite, die nur an wenigen Stellen in Skandinavien vorkommen. Sie führen runde Feldspatkristalle, die manchmal noch einen Ring aus Plagioklas besitzen – ein gutes Erkennungs- merkmal. Dieses auffällige Gefüge bezeichnet man als Wiborgit. Ein bereits in der Abkühlung begriffener Granit wird erneut aufgeheizt. Dadurch werden schon fertige Kristalle angeschmolzen, andere bilden sich neu. Alle Rapakivis besitzen daher zwei Generationen an Feldspat (die rote Grundmasse und die runden Ovoide) und an Quarz (große, runde, am Rand angelöste Körnchen und winzige, in die Feldspäte eingewachsene, kommaartige Quarzfischchen).

Wissenswertes: Rapakivi bedeutet übersetzt „fauler Stein", womit verfaulender Stein gemeint ist. Verwitterte Blöcke zerfallen leicht, die rundlichen Feldspat- kristalle bleiben als „Eier" zurück.

Pegmatit

Alter: Präkambrium, über 1 Milliarde Jahre
Herkunft: Norwegen, Schweden
Häufigkeit: ●●●○○

Beschreibung: Pegmatit hat dieselbe Zusammensetzung wie Granit: Feldspat, Quarz und Glimmer. Durch langsames Erstarren einer wasserreichen Restschmelze konnten sich große Kristalle bilden. Das Gestein ist grob- bis riesenkörnig. In Findlingen sind mitunter Feldspatkristalle von mehreren Dezimetern Länge zu finden. Auch Quarz und Glimmer kommen in großen Aggregaten vor.

Wissenswertes: In Pegmatiten kommen mitunter seltene Minerale vor, auch kristallausgekleidete Drusen sind bekannt. Pegmatite sind somit für den Geschiebe-Mineraliensammler sehr interessant.

Larvikit

Alter: Präkambrium, 275 bis 295 Millionen Jahre
Herkunft: Oslo-Gebiet
Häufigkeit: ●●●○○

Beschreibung: Larvikit ist trotz des unterschiedlichen Aussehens eng verwandt mit dem Rhombenporphyr (S. 115). Wenn das Gestein feucht ist, fallen seine blau schillernden Feldspäte auf, die das Gestein unverwechselbar machen. Daneben kommt vor allem das dunkle Mineral Augit vor, aber auch Biotit und helle Kalifeldspäte sind vorhanden. Übrigens ist Larvikit (gelegentlich auch als Labradorit bezeichnet) als Fassadenstein und als Tresenplatte einer bekannten Schnellrestaurantkette sehr beliebt.

Wissenswertes: Larvikit ist häufig im Norden Dänemarks zu finden, wird aber auch an den Küsten des nördlichen Schleswig-Holsteins noch reichlich entdeckt. In Richtung des östlichen Schleswig-Holsteins und besonders in Mecklenburg-Vorpommern wird der Larvikit immer seltener. Auf Rügen fehlt er ganz.

Porphyr

Alter: Präkambrium, 275 Millionen bis 1,8 Milliarden Jahre
Herkunft: Norwegen, Schweden, Finnland
Häufigkeit: ●●●○○

Beschreibung: Unter der Bezeichnung Porphyr versteht man ein Gestein mit einer feinkörnigen bis dichten Grundmasse, in der Einsprenglinge eingeschlossen sind. Porphyre sind vulkanische Ergussgesteine. Führen sie Quarz, bezeichnet man das Gestein als Rhyolith.

Magma ist geschmolzenes Gestein. Wenn diese Schmelze in der Tiefe erstarrt, entsteht ein anderes Gestein als bei einem Vulkanausbruch. Dem Quarz führenden Rhyolith als vulkanisches Gestein entspricht der Granit als Tiefengestein, der aus derselben Gesteinsschmelze erstarren würde. Ein quarzarmer Basalt (S. 116) hat sein Pendant im Gabbro.

Wissenswertes: Abgebildet ist hier ein 1,6 Milliarden Jahre alter Quarz-Porphyr (Rhyolith) von den Åland-Inseln, bei dem rote Feldspäte und graue Quarze in einer dichten, roten Grundmasse schwimmen.

Granit-Porphyr

Alter: Präkambrium, 1,4 bis 1,8 Milliarden Jahre
Herkunft: Süd- bis Mittelschweden
Häufigkeit: ●●●○○

Beschreibung: Der Granit-Porphyr steht nach seiner Bildung zwischen dem Granit als Tiefengestein und dem Porphyr als vulkanisches Ergussgestein. Granit-Porphyre entstehen meist in Gängen, in denen aufsteigendes Magma erkaltet und auskristallisiert. Die Grundmasse ist körnig und erinnert an einen Granit. In diese Matrix eingebettet finden sich zahlreiche Einsprenglinge, meist Feldspäte und Quarze.

Wissenswertes: Der hier abgebildete Granit-Porphyr stammt aus Småland im südöstlichen Schweden. Er steht dem als Blutwurststein bezeichneten Påskallavik-Porphyr nahe, besitzt aber eine gröbere Grundmasse. Auffällig sind die hellen, gerundeten Feldspäte und die blauen Quarze. In der Grundmasse liegen kurze, schwarze Glimmer-Streifen. Dieses Gestein hat ein Alter von 1,8 Milliarden Jahren.

Dala-Porphyr

Alter: Präkambrium, 1,6 Milliarden Jahre
Herkunft: Dalarna
Häufigkeit: ●●●○○

Beschreibung: Dala-Porphyre enthalten in der Regel keinen Quarz. Es kommen viele rötliche Kalifeldspäte und kleinere gelbliche bis grünliche Plagioklase vor.

Mitunter sind so viele Einsprenglinge vorhanden, dass die meist rötliche Grundmasse völlig in den Hintergrund tritt. Man kann rund ein Dutzend verschiedener einsprenglingsreicher Dala-Porphyre unterscheiden. Der rotviolette Grönklitt-Porphyrit besitzt zwei Arten von teils leistenartig ausgebildeten Plagioklasen (weißgelb und graugrün), grüne Flecken von Epidot sowie winzige schwarze Körnchen von Augit oder Hornblende.

Wissenswertes: Porphyre offenbaren ihre wahre Schönheit, wenn sie nass sind. Sie gehören zu den beliebtesten Sammlerobjekten unter den Strandsteinen.

Rhomben-Porphyr

Alter: Präkambrium, 275 bis 295 Millionen Jahre
Herkunft: Oslo-Gebiet
Häufigkeit: ●●●○○

Beschreibung: Der leicht kenntliche Rhomben-Porphyr stammt aus dem Oslo-Gebiet. Vor 300 Millionen Jahren herrschte hier ausgedehnter Vulkanismus. Man kennt 40 Lavadecken, alle mit spezifischen rautenförmigen Einsprenglingen. Rhomben-Porphyre sind an der Nordseeküste, vor allem auch in West- und Nord-Jütland, sehr viel häufiger als an der Ostsee, in Ostholstein oder Mecklenburg-Vorpommern. Hier sind die Transportwege viel länger, die Geschiebe aus dem Oslo-Gebiet werden kleiner und seltener.

Wissenswertes: Man kennt Rhomben-Porphyr in Europa nur aus der Oslo-Region und einigen Gängen in Südwest-Schweden. Weitere Vorkommen sind vom Kilimandscharo und aus der Antarktis beschrieben.

Basalt

Alter: Präkambrium, 180 Millionen bis über 1 Milliarde Jahre
Herkunft: Norwegen, Schweden
Häufigkeit: ●●●○○

Beschreibung: Basalte sind dunkle vulkanische Gesteine. Sie enthalten keinen sichtbaren Quarz, können aber weiße Feldspäte führen. Grüne Olivinkörnchen sind häufig vorhanden, verwittern aber schnell zu Eisenoxid oder hinterlassen kleine Löcher in der Oberfläche. Bekanntester Vertreter dieser Gesteine am Strand ist der 180 Millionen Jahre alte Schonen-Basalt (Bild).

Basaltisches Magma ist sehr heiß, es erreicht Temperaturen von 900 bis 1.200 °C. Es erkaltet nach dem Austritt an der Erdoberfläche relativ schnell. Basalt kann in der Form sechseckiger Säulen erstarren.

Wissenswertes: Basalt wurde und wird als Deckwerk zur Küstensicherung und Hafenbefestigung eingesetzt. Man findet auf Sylt häufig Bruchstücke, die aus solchen Basaltlagen stammen. Sie stammen wohl aus Steinbrüchen in Vulkangebieten in Rheinland, Westerwald und Eifel und sind nicht eiszeitlich transportiert.

Kinne-Diabas

Alter: Präkambrium, 300 Millionen bis 1,2 Milliarden Jahre
Herkunft: Süd- bis Mittelschweden
Häufigkeit: ●●●○○

Beschreibung: Als Diabas werden – besonders in der älteren Literatur – grobkörnige, dunkle, vulkanische Gesteine benannt. Sie entstehen meist oberflä-
chennah in Gängen oder dringen in bereits vorhandene Gesteinskomplexe ein.
Heute bezeichnet man derartige Gesteine korrekt als Dolerit. Häufig und besonders leicht zu erkennen ist der 300 Millionen Jahre alte Kinne-Diabas (Bild), der
aus Västergötland stammt. Am Südende des Vänern, dem größten See Schwe-
dens, befindet sich ein Tafelberg mit dem Namen Kinnekulle. Der harte Diabas
hat diesen und einige benachbarte Berge vor dem Abtrag durch die eiszeitlichen
Gletscher bewahrt. Trotzdem gelangten einige Brocken des Kinne-Diabases
bis zu uns an den Nordseestrand. Seine fleckige Oberfläche macht ihn nahezu
unverwechselbar.

Wissenswertes: Diabase enthalten häufig helle Feldspat-Kristalle, können
aber auch Fremdgesteinseinschlüsse (Granite, Sandsteine) führen, die in dem
glutheißen Magma nicht völlig resorbiert wurden und später als sogenannte
Xenolithe „eingebacken" wurden.

Ignimbrit

Alter: Präkambrium, 275 Millionen Jahre bis 1,7 Milliarden
Herkunft: Oslo-Gebiet, Dalarna, Småland
Häufigkeit: ●●●○○

Beschreibung: Ignimbrite sind Gesteine, die sich aus vulkanischen Glut- bzw. Aschelawinen gebildet haben. Die Grundmasse des Gesteins ist schwarz bis violett, sehr hart, zäh, splittrig, beinahe flintartig. Zahlreiche kleine Feldspat-Einsprenglinge sind vorhanden, sowohl Plagioklase als auch Kalifeldspäte. Typisch sind helle bis rotbraune Bimsstein-Schlieren, die flammenartig aussehen. Diese Streifen sind in der Regel nur wenige Zentimeter lang. Auch hauchdünne Fäden von Quarz können, am besten auf einer frischen Bruchfläche, beobachtet werden. Sie können parallel oder quer zu den Bimssteinstreifen angeordnet sein. Dala- und Småland-Ignimbrite sind 1,65 Milliarden Jahre alt, Oslo-Ignimbrite nur 275 Millionen Jahre.

Wissenswertes: Ignimbrite sind einander sehr ähnlich, können häufig nur von einem Fachmann genau bestimmt werden.

Mandelstein

Alter: Präkambrium, 275 Millionen bis 1,6 Milliarden
Herkunft: Ostseegrund, auch Oslogebiet
Häufigkeit: ●●●○○

Beschreibung: Ein Mandelstein ist ein an Gasblasen reicher Basalt. Die Grundmasse ist graublau über rötlichviolett bis bräunlich. Nach dem Erstarren der Lava blieben zahlreiche Hohlräume im Gestein zurück. Durch zirkulierende Lösungen füllten sich die Blasen später mit verschiedenen Mineralen („Mandeln").

Beim Ostsee-Melaphyr sind dies meist Calcit (weiß) oder Chlorophäit (grün), seltener auch reiner Quarz (weiß). Die Melaphyre des Oslogebiets (rechtes Bild; Alter: 295 bis 275 Millionen Jahre) führen in der Regel rhombenförmige Feldspat-Einsprenglinge oder kleine Plagioklas-Leisten.

Wissenswertes: Einige Melaphyre enthalten bis zu 1 cm große, eindrucksvolle Achat-Mandeln.

Gneis

Alter: Präkambrium, über 1 Milliarde Jahre
Herkunft: Skandinavien
Häufigkeit: ●●●●●

Beschreibung: Unter Gebirgsdruck und hohen Temperaturen können sich Gesteine umbilden. Gneis ist ein häufiges Umwandlungsgestein. Wird ein Granit durch tektonische Kräfte mehrere Kilometer tief in die Erde versenkt, kann aus seinem richtungslosen Gefüge durch die sogenannte Metamorphose ein neues Gestein entstehen. Der ursprüngliche Mineralgehalt aus Feldspat, Quarz und Glimmer kann weitestgehend erhalten bleiben, jedoch ist eine deutliche Streifung – also eine Auslängung der Minerale in Druckrichtung – erkennbar. Auch neue Minerale wie roter Granat können sich bei der Metamorphose bilden.

Wissenswertes: Gneise, die aus Tiefengesteinen (Plutonite) wie Granit hervorgegangen sind, bezeichnet man als Orthogneis. War das Ausgangsgestein jedoch ein Ablagerungsgestein (Sedimentit), spricht man von einem Paragneis.

Augengneis

Alter: Präkambrium, über 1 Milliarde Jahre
Herkunft: Skandinavien
Häufigkeit: ●●●○○

Beschreibung: Augengneise sind durch ihre auffällige Bänderung und den starken Farbkontrast ihrer Mineralkomponenten besonders attraktive Gesteine. Die „Augen" bestehen in den meisten Fällen aus Feldspat. Sie scheinen in den dunklen Glimmerschichten regelrecht zu schwimmen.

Einen Augengneis mit tiefroten Feldspäten, blauen Quarzen und tiefschwarzen Glimmerbändern bezeichnet man als Loftahammar-Gneisgranit. Er hat seine Heimat in Småland an der schwedischen Ostküste.

Wissenswertes: Gneise werden häufig nach ihrem Gefüge benannt. So gibt es Schlieren-, Bänder-, Stängel-, Flaser- oder Augengneise, wobei diese künstliche Klassifizierung alle Übergänge untereinander zulässt.

Granat-Amphibolit

Alter: Präkambrium, 1,4 Milliarden Jahre,
Metamorphose vor 900 Millionen Jahren
Herkunft: Südwest-Schweden
Häufigkeit: ●●○○○

Beschreibung: Amphibolit ist ein Umwandlungsgestein, das aus einem dunklen vulkanischen Gestein wie dem Basalt (S. 116) hervorgegangen ist. Es besteht zu einem großen Teil aus kleinen, schwarzen, glänzenden Hornblende-Kristallen, die das Sonnenlicht reflektieren und somit auffällig glitzern. Daneben findet sich häufig ein weißer Feldspat, der Plagioklas. Einige Amphibolite führen tiefrote Granat-Kristalle, so der Weißschlierige Granat-Amphibolit aus Südwest-Schweden (Bild).

Wissenswertes: Granat ist ein Mineral, das sich erst bei der Metamorphose neu bildet. Er findet sich somit nur in Umwandlungsgesteinen. Granat hat in Gneisen immer eine himbeerrote bis rotviolette Färbung, er erreicht in Gneisen wie dem Sörmland-Gneis Größen von über 10 cm.

Manchmal findet man am oberen Wellensaum nach Stürmen schwarze Sandschlieren, sog. Schwermineralseifen, die Granat enthalten. Sie sind u. a. aus zerriebenen Amphiboliten entstanden.

Unakit

Alter: Präkambrium, über 1 Milliarde Jahre
Herkunft: Norwegen, Schweden
Häufigkeit: ●●●○○

Beschreibung: Unakite sind auffällige Gesteine, die aus rotem Feldspat, blauweißem Quarz und grünem Epidot bestehen. Sie offenbaren ihre wahre Farbenpracht erst im feuchten Zustand und lassen sich am besten dort sammeln, wo die Wellen den steinreichen Strand überspülen. Unakite gehören zu den Umwandlungsgesteinen. Durch den komplizierten Vorgang der Metasomatose werden einzelne Gesteinskomponenten durch neue ersetzt. So entsteht aus einem tektonisch zerbrochenen, roten Granit durch Einlagerung von lindgrünem Epidot schließlich der Unakit.

Wissenswertes: Unakit wird häufig als Schmuckstein verwendet. Er eignet sich hervorragend als Trommelstein. Am Strand finden sich verschiedenartige rote Gesteine, zumeist Granite, die von grünen Epidotadern und -gängen durchzogen sind. Sie werden alle unter dem Handelsnamen Unakit zusammengefasst.

Weißer Quarzit

Alter: Präkambrium, über 500 Millionen Jahre
Herkunft: Skandinavien
Häufigkeit: ●●●○○

Beschreibung: Gesteine sind in der Regel bunt, dass heißt, sie haben mehrere Farben. Jede Farbe steht für ein Mineral. Die meisten Gesteine sind somit aus verschiedenen Mineralen aufgebaut. Nur wenige Gesteine bestehen aus einem einzigen Mineral, so der hier gezeigte Quarzit. Ein Quarzit ist unter Gebirgsdruck und hoher Temperatur (Metamorphose) aus einem Sandstein hervorgegangen.

Wissenswertes: An vielen Stränden auf Sylt findet man ungewöhnlich große Mengen kleiner, milchig trüber Quarzite. Viele von Ihnen sind sicherlich aus dem Kaolinsand ausgewaschen, der lagenweise dichte Packungen solcher Quarzite führt. Ihre hohe Verwitterungsresistenz führt zur Anreicherung an den Stränden, die in der Nachbarschaft zu Kaolinsandvorkommen (S. 152) liegen.

Bunte Quarzite

Alter: Präkambrium, über 500 Millionen Jahre
Herkunft: Skandinavien
Häufigkeit: ●●●○○

Beschreibung: Kleine, bunte Quarzite, die am Nordseestrand häufig vorkommen, stammen wahrscheinlich aus Norwegen. Sie werden durchscheinend, wenn man sie befeuchtet, sehen dann aus wie Bonbons. Im Laufe von Jahrmillionen wurden Sandsteine durch Temperatur und (Gebirgs-)Druck zu Quarziten umgewandelt. Damit waren diese Steinchen einst ein ebenso feiner Sandstrand, wie ihn Sylt heute zu bieten hat.

Wissenswertes: Im Zuge zunehmender Metamorphose, also unter dem Einfluss von Gebirgsdruck und erhöhter Temperatur, wandelt sich ein Sandstein in quarzitischen Sandstein und schließlich zu Quarzit um. Schlägt man einen Sandstein mit dem Geologenhammer auf, bricht er entlang der Sandkorngrenzen. Bei einem quarzitischen Sandstein zerbrechen die Sandkörnchen, während bei einem Quarzit auch unter der Lupe keine Körnchen mehr erkennbar sind.

Kalkstein

Alter: Ordovizium bis Tertiär, 60 bis 450 Millionen Jahre
Herkunft: Dänemark, Südschweden, Estland
Häufigkeit: ●●●●●○

Beschreibung: Kalksteine können von riffbildenden Organismen wie Korallen aufgebaut werden. Sie bestehen manchmal fast vollständig aus Fossilien wie Schnecken oder Muscheln. Auch eine Kalkausfällung aus dem Meerwasser ist möglich. Kalke sind weiß, grau, gelb, rot, grün oder schwarz und meistens feinkörnig. Ihre Oberfläche fühlt sich stumpf an. Beträufelt man einen Kalkstein mit Zitronen- oder Essigsäure, so schäumt er auf. Kalksteine sind in der Regel gut geschichtet. Manchmal sind Kalksteine mit Kieselsäure imprägniert, sie werden dann hart und splittrig.

Wissenswertes: Kalksteine sind fossiler Meeresboden, sie können daher Fossilien enthalten. Sammler schlagen Kalksteine entlang der Schichten auf, um Überreste einstiger Lebewesen zu entdecken. Kalksteine, und nur Kalksteine, werden von dem Bohrringelwurm angebohrt. Diese Bohrspuren dienen also als Erkennungsmerkmal für solche Gesteine.

Sandstein

Alter: Kambrium bis Tertiär, 30 bis 540 Millionen Jahre
Herkunft: Skandinavien
Häufigkeit: ●●●●●

Beschreibung: Sandsteine sind in der Regel deutlich geschichtet, man kann die ursprüngliche Folge der Sandablagerungen also noch gut sehen. Häufig sind unter der Lupe auch noch einzelne Sandkörnchen zu erkennen. Sind die Schichten durch Eisensalze, Mangan oder andere Minerale eingefärbt, entstehen attraktive Sammlungsobjekte. Sandsteine mit grober Körnung sind küstennah entstanden.

Wissenswertes: In flachem Wasser lagern sich mehr oder weniger grobe Sandkörnchen ab. Geschieht dies über einen langen Zeitraum, entstehen mächtige Sandschichten. Je höher die Auflast ist, desto enger werden die Sandkörnchen aneinander gedrückt, das Porenwasser wird herausgepresst. Bindemittel wie Eisensalze oder Kieselsäure verkleben die Körnchen, aus dem Sand wird schließlich ein Sandstein.

Schwarzer Feuerstein

Alter: Obere Kreide bis Unteres Tertiär,
60 bis 75 Millionen Jahre
Herkunft: Rügen, Dänemark, Schonen (SWE)
Häufigkeit: ●●●●●

Beschreibung: Feuerstein ist ein schwarzes, sehr
dichtes und splittriges Gestein, das aus reiner Kieselsäure besteht. Er entsteht im Schlamm des kreidezeit-
lichen Meeres. Häufig besitzt Feuerstein eine weiße
Kruste, die aber nicht die Kreidereste des Mutter-
sediments darstellt, sondern aus Opal besteht.

Wissenswertes: Kieselschwämme und verschiedene
Gruppen von Mikroorganismen besitzen ein Skelett
aus Kieselsäure. Nach dem Tod löst sich das Skelett
auf, Kieselsäuremoleküle verteilen sich im Meerwasser. Ist ein bestimmter Sättigungsgrad erreicht, fällt die
Kieselsäure aus. Das Porenwasser im Sediment wird
verdrängt und stattdessen lagert sich die Kieselsäure
ein. Auf diese Weise entstehen Konkretionen, die jede
nur erdenkliche Form annehmen können. Feuerstein
kann auch Fossilien einschließen, am häufigsten sind
Schwämme, Seeigel oder Muscheln.

Gelber und roter Feuerstein

Alter: Unteres Tertiär, 60 bis 65 Millionen Jahre
Herkunft: Dänemark
Häufigkeit: ●●●○○

Beschreibung: Feuerstein ist nicht nur schwarz,
sondern er kann auch grau, gelb, braun, rot, gebändert
oder gefleckt sein. Meistens ist die Färbung auf eine
Imprägnierung mit Eisensalzen oder Huminsäuren
zurückzuführen, die das Gestein von außen her verfärben. Unter der farbigen Kruste verbirgt sich in
der Regel ein grauer oder schwarzer Kern.

Wissenswertes: Während der tiefschwarze Feuerstein
gemeinhin aus der Kreidezeit stammt, gehört gelber
und grauer Feuerstein in das älteste Tertiär und ist
damit rund 10 Millionen Jahre jünger.

Der rote Feuerstein von Helgoland ist etwa 90 Millionen Jahre alt. Er hat einen tiefroten Kern, ist außen
schwarz gefärbt und hat wie viele andere Feuersteine
auch eine weiße Opalkruste. Der rote Kern schimmert
besonders bei nassen Steinen durch. Der rote Feuerstein wurde in der Steinzeit zu Werkzeugen verarbeitet,
die bis in den Alpenraum gehandelt wurden. Man findet
auf Sylt gelegentlich Steinzeitfunde aus Helgoländer
Feuerstein.

Gebänderter Feuerstein

Alter: 60 bis 70 Millionen Jahre
Herkunft: Norddeutschland, Dänemark, Südschweden
Häufigkeit: ●●●○○

Beschreibung: Manchmal zeigen Feuersteine auffällige Streifen, die horizontal, gebogen oder auch kreisförmig angeordnet sein können. Zumeist wechseln sich helle und dunkle Bänder ab. Es handelt sich um rhythmische Fällungen von Kieselsäure während der Bildung des Feuersteins. Manchmal sind die Bänder an den Seiten scharf begrenzt. Man hat den Eindruck, als wäre hier ein Hohlraum, beispielsweise ein Grabbau, ausgefüllt worden. Es gibt aber Funde, bei denen ein kleiner Ast eines Moostierchens von der umgebenden Matrix in den „Gang" hineinragt. Bei einer Entstehung durch grabende Organismen wäre er sicher abgebrochen.

Wissenswertes: Die Bänder im Feuerstein sind rein anorganischer Entstehung, sie haben keinen fossilen Ursprung.

Hühnergott

Alter: 60 bis 70 Millionen Jahre
Herkunft: Norddeutschland, Dänemark, Südschweden
Häufigkeit: ●●●●○

Beschreibung: Kleine Feuersteine mit Loch werden als Hühnergott bezeichnet. Sie wurden in der Vergangenheit mit einem Faden an eine Hühnerstange gehängt. Das Federvieh sollte so zu verbesserter Legetätigkeit angeregt werden. Auch der Fuchs sollte durch diesen Brauch von einem Eindringen in den Hühnerstall abgehalten werden.

Wissenswertes: Besonders große, durchlochte Feuersteine (bis 1 m Durchmesser) sind die „Saßnitzer Blumentöpfe", die an den Steilküsten Rügens gefunden werden, aber gelegentlich auch in Schleswig-Holstein auftreten. In Dänemark heißen sie Flintkrukke, in der Fachsprache Paramoudras.

Der **Glimmerton** wurde vor 7,7 bis 10 Millionen Jahren in einem 40 bis 100 m tiefen, warmen Meer abgelagert. Er ist dunkel, fast schwarz. Seine Farbe rührt von feinster kohliger Substanz und von fein verteiltem Schwefeleisen (Pyrit und Markasit) her. Das Sediment ist schluffig-tonig, besitzt also eine Korngröße von weniger als 0,063 mm. Damit sind die einzelnen Körnchen nicht mehr mit bloßem Auge erkennbar. Mitunter sind, gerade im oberen Bereich, hellere Feinsandlagen mit einer Körnung bis 0,2 mm eingeschaltet. Der Ton und der Feinsand sind deutlich glimmerhaltig und führen gelegentlich grünen Glaukonit. In verschiedenen Horizonten kann man verfestigte Lagen und Kalkkonkretionen antreffen. Am Morsum-Kliff (Bild) sind fünf durch Eisdruck zerscherte Schollen nachgewiesen. Die Anfang der 1920er Jahre für den Bau des Hindenburgdammes angelegte Dammbaugrube Nösse hat den Glimmerton ebenfalls erschlossen. Heute ist die Grube voll Wasser gelaufen, die Schichten sind leider nicht mehr zugänglich. Das gesamte Profil im Glimmerton ist fast 50 m mächtig.

Der Glimmerton wird in drei Abteilungen untergliedert. Unterhalb von 45 m liegt die **Abteilung I**. Hier ist eine Lage mit den gestreckten und längsgerippten Gehäusen des Grabfüßers *Fissidentalium syltense* eingeschaltet. Die **Abteilung II** erstreckt sich in etwa zwischen 30 und 45 m. In den oberen 4 bis 5 m befindet sich eine verfestigte Kalkbank, die dicht mit dünnen, gebogenen Gehäusen des Kalkröhrenwurms *Ditrupa* erfüllt ist. Oberhalb dieser *Ditrupa*-Bank liegt die *Schizaster*-Bank, die aus zahlreichen zerbrochenen Seeigelgehäusen besteht. Aus dem oberen Bereich stammt der größte Teil der Krebsknollen, die man ausgewaschen am Strand finden kann. Den Übergang von Abteilung II zu Abteilung III bei etwa 30 m markiert die *Aporrhais*-Bank, verfestigte Kalklagen mit einer kleinen Pelikanfußschnecke der Gattung *Aporrhais*. In **Abteilung III** etwa bei 28 bis 30 m befindet sich das Niveau mit der Ochsenherzmuschel *Glossus*. Darüber folgt die Bank mit der kleinen Muschel *Astarte syltensis*. Bei etwa 20 m findet sich die Islandmuschel *Arctica*. Aus dem Glimmerton sind 134 Mollusken-Arten beschrieben worden. Unterschiede im Fossilreichtum einzelner Schichten und die Bildung fossilreicher Kalkbänke werden mit Meeresspiegelschwankungen und Stürmen erklärt.

Der Meeresspiegel senkt sich vor etwa 8,5 Millionen Jahren ab, sandige Lagen schalten sich in den Ton ein. Der **Glimmerton** geht in den **Glimmerfeinsand** über. Der Glimmerton am Morsum-Kliff ist Typlokalität für die Sylt-Stufe des oberen Miozäns.

Ochsenherz *Glossus olearii*

Größe: bis 8 cm
Alter: Oberes Miozän, Syltium, 7,5 bis 8,5 Millionen
Jahre
Herkunft: Glimmerton vom Morsum-Kliff
Häufigkeit: ●●●○○

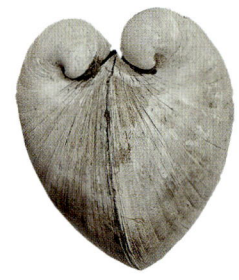

Beschreibung: Die Herkunft des Namens dieser
eindrucksvollen Muschel wird deutlich, wenn man ein
doppelklappiges Exemplar von der Seite betrachtet:
Die dicken, deutlich gewölbten Schalen und der nach
vorn eingekrümmte Wirbel erinnern an ein Herz (Bild
rechts). Die Schalen tragen keine Rippen, jedoch sind
konzentrische Anwachslinien erkennbar.

Wissenswertes: Es gibt heute nur noch eine rezente
Art, *Glossus humanus*, die im Atlantik und im Mittelmeer vorkommt und dort in ruhigem Wasser ab etwa
50 m Wassertiefe lebt.

Man findet sehr häufig ausgewaschene Schalenbruch-
stücke, doppelklappige Muscheln mit komplett erhaltener Schale sind hingegen sehr selten.

Astarte *Carinastarte rollei*

Größe: 1 bis 3 cm
Alter: Oberes Miozän, Syltium, 7,5 bis 8,5 Millionen Jahre
Herkunft: Glimmerton vom Morsum-Kliff
Häufigkeit: ●●●●○

Beschreibung: Die Schalen von *Carinastarte rollei* sind
schief dreieckig und fein gerippt. Die längere Seite ist
etwas gekielt und leicht abgewinkelt. Auf der Innenseite der
Schale sieht man bei guter Erhaltung die Mantellinie und
zwei gleichgroße Schließmuskelabdrücke. Das Schloss
trägt deutliche, dreieckige Schlosszähne.

Wissenswertes: *Carinastarte rollei* gilt als Leitfossil für das
Syltium, das Oberste Miozän. Ihr Auftreten ermöglicht also
die stratigraphische (zeitliche) Einstufung der Fundschich-
ten.

Carinastarte rollei ist die häufigste Muschelart im Glimmerton des Morsum-Kliffs. Die ähnliche *Astarte syltensis*
(Bild rechts) ist etwas grober berippt und lässt den seitlichen Kiel vermissen.

Stachelhaube *Galeodea subechinophora*

Größe: bis 8 cm
Alter: Oberes Miozän, Syltium, 7,5 bis 8,5 Millionen Jahre
Herkunft: Glimmerton vom Morsum-Kliff
Häufigkeit: ●●●○○

Beschreibung: *Galeodea echinophora* besitzt ein großes, eiförmiges Gehäuse. Die Windungen sind wenig gewölbt, durch eine Nahtlinie undeutlich voneinander getrennt. Jede Windung trägt zahlreiche Spiralbänder. In der Mitte jeder Windung finden sich 14 bis 17 deutlich erhabene Tuberkel. Auf der letzten Windung sind manchmal zwei oder drei dieser Tuberkelreihen erkennbar. Die Mündung ist längsoval, der Außenrand trägt einige kleine Zähnchen. Zumeist ist die Mündung beschädigt.

Wissenswertes: Aufgrund der Größe der Gehäuse sind vollständige Exemplare selten, zumeist fehlen Teile der Schale. Manchmal lassen sich Schalenteile bergen und später wieder auf das Fossil übertragen.

Die Art wurde früher zu *Cassidaria echinophora* gerechnet und bereits von Mørch 1874 in *C. subechinophora* umbenannt. *Galeodea* gehört zu den Helmschnecken.

Pelikanfuß *Aporrhais* sp.

Größe: bis 3 cm
Alter: Oberes Miozän, Syltium, 7,5 bis 8,5 Millionen Jahre
Herkunft: Glimmerton vom Morsum-Kliff
Häufigkeit: ●●●○○

Beschreibung: Der kleine Pelikanfuß *Aporrhais* sp. besitzt
ein gedrungen spindel- bis kegelförmiges Gehäuse. Jede
Windung trägt eine deutliche Knotenreihe, die letzte Windung derer zwei. Die Mündung ist flügelartig verbreitert und
nach oben kurz ausgezogen.

Wissenswertes: Im Glimmerton von Sylt kommt eine
10 bis 5 cm mächtige, verfestigte Tonlage vor, die zusammen mit dem umgebenden 30 bis 50 cm mächtigen Schichten zur sogenannten *Aporrhais*-Bank zusammengefasst
werden. Hier und nur hier kommt diese kleine *Aporrhais*-Art
in größerer Stückzahl vor. Momentan ist diese Bank nicht
mehr aufgeschlossen. Die Art wurde bisher *A. alata*
zugeschrieben. Zurzeit findet eine Revision statt, in der
eine neue Bewertung stattfindet.

Heute kann man die lebenden Nachfahren *Aporrhais
pespelikana* am Strand von Sylt finden (S. 75).

Schnecke *Euroscaphella* aff. *bolli*

Größe: bis über 10 cm
Alter: Oberes Miozän, Syltium, 7,5 bis 8,5 Millionen Jahre
Herkunft: Glimmerton vom Morsum-Kliff
Häufigkeit: ●●●○○

Beschreibung: Das Gehäuse von *Euroscaphella* aff. *bolli* ist groß und spindelförmig. Die Umgänge sind wenig gewölbt, die Nahtlinie zwischen den Windungen nur wenig eingetieft. Der letzte Umgang ist fast doppelt so lang wie die übrigen Windungen zusammen. Die Schale ist dünn und verwittert schnell.

Wissenswertes: *Euroscaphella* ist sicher die größte Schnecke im Sylter Glimmerton. Vollständige Exemplare sind aufgrund ihrer Größe aber sehr selten.

Die auffallende Art aus dem Glimmerton von Sylt wurde bereits 1828 von dem dänischen Geologen Forchhammer erwähnt.

Die Art wurde früher in die Gattungen *Voluta* und *Scaphella* gestellt. Neuere Bearbeitungen gibt es nicht, sodass die heutige Gattungszuordnung fraglich bleibt.

Schnecke *Aquilofusus eximimus*

Größe: 20 bis 50 mm
Alter: Oberes Miozän, Syltium, 7,5 bis 8,5 Millionen Jahre
Herkunft: Glimmerton vom Morsum-Kliff
Häufigkeit: ●●●○○

Beschreibung: *Aquilofusus eximimus* besitzt ein schlankes, turmförmiges Gehäuse, das 7 bis 8 Windungen aufweist. Auffallend sind die senkrecht stehenden Rippen, die in den oberen Windungen gerade verlaufen, in den unteren Windungen leicht gebogen sind. Die Nahtlinie zwischen den Windungen ist deutlich eingeschnitten. Das gesamte Gehäuse trägt eine feine Spiralstreifung, sodass aus Rippen und Streifen eine gitterartige Struktur entsteht.

Wissenswertes: *Aquilofusus eximimus* gilt als Leitfossil für die stratigraphische Sylt-Stufe des oberen Miozäns.

Die ähnliche *Aquilofusus semiglaber* (Bild rechts) besitzt eine weniger deutliche Spiralstruktur, besonders auf den letzten Windungen, auf denen sich vorwiegend die leicht gebogenen Längsrippen befinden.

Helmschnecke *Semicassis* cf. *rondeleti*

Größe: 3 bis 5 cm
Alter: Oberes Miozän, Syltium, 7,5 bis 8,5 Millionen Jahre
Herkunft: Glimmerton vom Morsum-Kliff
Häufigkeit: ●●●○○

Beschreibung: Das tonnenförmige Gehäuse besitzt eine flach kegelförmige Gehäusespitze und eine eiförmige, große letzte Windung. Die Schale trägt einige nicht allzu prominente Knotenreihen. Die Mündung ist ganzrandig, der Siphonalkanal unten ist kurz.

Wissenswertes: Diese Schnecke kommt auch im Limonit-Sandstein vor, ist dort aber längst nicht so gut erhalten.

Nach neueren Untersuchungen ist es fraglich, ob die im Glimmerton von Sylt vorkommende Art tatsächlich zu *Semicassis cf. rondeleti* zu rechnen ist, da diese Art normalerweise nicht in so jungen Schichten vorkommt, sondern auf das Oligozän und Untere Miozän beschränkt ist. Neue Bearbeitungen müssen abgewartet werden, um Klarheit in der Bestimmung zu erhalten.

Helmschnecken leben heute u.a. im Mittelmeer (Bild oben rechts).

Helmschnecke *Semicassis laevigata*

Größe: 3 bis 5 cm
Alter: Oberes Miozän, Syltium, 7,5 bis 8,5 Millionen Jahre
Herkunft: Glimmerton vom Morsum-Kliff
Häufigkeit: ●●●○○

Beschreibung: *Semicassis laevigata* besitzt ein tonnenförmiges Gehäuse mit einer dicken Schale. Die ersten Windungen sind flach und stumpf kegelförmig. Die letzte Windung ist groß, aufgebläht. Die Schale trägt nur senkrecht verlaufende Anwachslinien, keinerlei Rippen oder Knötchen. Die Mündung ist halboval, der Mündungsrand ist glatt. Unten befindet sich ein kurzer, offener Siphonalkanal.

Wissenswertes: In der Literatur wird die Art häufig als *Semicassis miolaevigata* beschrieben. Möglicherweise handelt es sich dabei um ein Synonym, eine neuere Bearbeitung steht noch aus.

Krabbe *Geryon* sp.

Größe: 1,5 bis 3 cm Panzerbreite, selten mehr
Alter: Oberes Miozän, Syltium, 7,5 bis 8,5 Millionen Jahre
Herkunft: Glimmerton vom Morsum-Kliff
Häufigkeit: ●●●○○

Beschreibung: Im Glimmerton von Sylt kommen häufig kleine Kalkkonkretionen vor. Sie haben sich früh verfestigt und einige von ihnen schließen in ihrem Inneren Krebsreste ein. Beim Aufschlagen der Knollen zeigen sich, leider oft zerbrochene, mehr oder weniger komplette Krebse, Scheren oder Panzer. Der gerundet-trapezförmige Rückenpanzer besitzt am Vorderrand zwei Einkerbungen, in denen die Augen saßen. Der Stirnrand zwischen beiden Augenhöhlen trägt vier Zähne, ebenso der anschließende Seitenrand beiderseits.

Wissenswertes: Im Vergleich zu den handgroßen Konkretionen, die im Glimmerton von Gram (DNK) vorkommen und sehr viel größere Krabben der ähnlichen Art *Chaceon miocenicus* führen, bleiben die Krabben von Sylt mit 1,5 bis 3 cm Panzerbreite deutlich kleiner. Neue Bearbeitungen gibt es nicht, aber es ist wahrscheinlich, dass die Sylter Funde zu einer bislang unbeschriebenen Art gehören.

Die eng verwandte Dreizahnkrabbe *Geryon trispinosus* lebt heute im nordöstlichen Atlantik.

Krebsschere *Nephrops* sp.

Größe: bis 5 cm
Alter: Oberes Miozän, Syltium, 7,5 bis 8,5 Millionen Jahre
Herkunft: Glimmerton vom Morsum-Kliff
Häufigkeit: ●○○○○

Beschreibung: Der Norwegische Hummer oder Kaisergranat gehört zu den Langschwanzkrebsen. Er lebt heute in Nordsee, Atlantik und Mittelmeer in Tiefen von 20 bis über 500 m. Erste Vertreter gibt es in der Unteren Kreide vor 145 Millionen Jahren. Die großen, schlanken Scheren des Kaisergranats sind unverkennbar. Die beiden Scherenfinger tragen auf der Innenseite kleine spitze Zähnchen. Auch die vorderen Extremitäten und der Kopfbrustpanzer sind mit kleinen Dornen besetzt.

Wissenswertes: Bisher ist nur ein einziger Fund des Kaisergranats aus den miozänen Krebsknollen des Morsum-Kliffs bekannt geworden.

Kalkröhrenwurm *Ditrupa* sp.

Größe: 2 bis 5 cm
Alter: Oberes Miozän, Syltium, 7,5 bis 8,5 Millionen Jahre
Herkunft: Glimmerton vom Morsum-Kliff
Häufigkeit: ●●●○○

Beschreibung: *Ditrupa* gehört zu den Kalkröhrenwürmen oder Serpeln, einer Gruppe der Ringelwürmer, die Wohnröhren aus Kalk abscheiden. Es handelt sich bei *Ditrupa* um längliche, leicht gebogene Röhren, die an Elefantenstoßzähne erinnern.

Wissenswertes: In der Abteilung II des Glimmertons kommt am Morsum-Kliff und in der Dammbaugrube Nösse (heute voll Wasser gelaufen) eine nur 5 cm mächtige, verfestigte Kalkbank vor. Neben *Ditrupa*, der 30 bis 60 Prozent der Fauna ausmacht, kommen wenige andere Muschel- und Schneckenarten vor, darunter die Netzreusenschnecke *Tritia syltensis*.

Haizahn *Cosmopolitodus (Isurus) hastalis*

Größe: bis über 6 cm
Alter: Oberes Miozän, Syltium, 7,5 bis 8,5 Millionen Jahre
Herkunft: Glimmerton vom Morsum-Kliff
Häufigkeit: ●●●○○

Beschreibung: Nur selten findet man im Glimmerton des Morsum-Kliffs Haizähne. Die größten unter ihnen gehören zu *Cosmopolitodus (Isurs) hastalis*. Die Zähne sind nahezu dreieckig, der Rand ist glatt. Seitenzähne fehlen. Die Vorderseite des Zahns ist flach, die hintere leicht gewölbt. Die Wurzel ist kräftig und unten nur wenig eingebogen. Bei vielen Funden ist die Wurzel beschädigt oder verwittert.

Wissenswertes: *Isurus* gehört zu den Mako-Haien, einer Gattung der Makrelen-Haie (Lamnidae), die heute in warmen und gemäßigten Ozeanen beheimatet sind.

LIMONIT-SANDSTEIN

Der Übergang vom Glimmerton zum Limonit-Sandstein ist nirgendwo in
Deutschland so gut aufgeschlossen, wie am Morsum-Kliff (Bild). Das warme und
tiefe Meer des Oberen Miozäns zieht sich zurück. Die Urnordsee wird flacher, es
bilden sich Strandablagerungen mit Lagen grober Geölle. Eisenlösungen durch-
dringen die Sedimente und verkleben die Sandkörnchen zu einem Limonit-Sandstein. Limonit ist eine Verbindung verschiedener, teils wasserhaltiger Eisenoxide
(Rost). In Spalten und an Schichtgrenzen bilden sich harte Krusten aus Siderit,
einem Eisencarbonat, die den Limonitsand wie ein Netzwerk durchziehen. Sie
verwittern, weiche Partien werden ausgewaschen, und die harten Reste bleiben
als Schalen, Röhren und Scherben im Sand liegen.

Man unterteilt den Limonit-Sandstein traditionell in folgende Einheiten:

C. Übergangsschichten vom Siderit-Sandstein zum Kaolinsand

B. Oberer Siderit-Sandstein

A. Unterer Siderit-Sandstein

Der Limonit-Sandstein ist Typuslokalität für die Morsumium-Stufe des späten
Miozäns (5,3 bis 7,5 Millionen Jahre), er wurde früher zum Pliozän gerechnet
(S. 189). Überwiegend im unteren Teil der Schichten kommen blaue Vivianit-
Überzüge und -Nester vor, die oftmals in der Nähe von Knochen auftreten.
Nach oben bis zum Übergang zum Kaolinsand wird das eisenhaltige Bindemittel
immer weniger, die Verkittung der Sande hört schließlich ganz auf.

Der Limonit-Sandstein enthält wenige, meist schlecht erhaltene Fossilien.
Zumeist liegen nur Steinkerne vor, also der innere Schalenausguß des Fossils.
Zu den typischen Funden gehören Schnecken und Muscheln, selten sind Wirbel
oder Knochenreste mariner Wirbeltiere.

Die ausgewitterten Krusten werden als Hexenschüsseln bezeichnet. Dem
Volksglauben nach soll das sagenumwobene Zwergenvolk der Unnerersken
unterirdische Schmieden betrieben haben. Misslungenes Geschirr wurde an
die Erdoberfläche gebracht, wo wir es heute finden und wo es unsere Fantasie
anregt.

Sideritkrusten und -röhren, Hexenschüsseln

Größe: bis über 30 cm
Alter: Oberstes Miozän, 5,3 bis 7,5 Millionen Jahre
Häufigkeit: ●●●●●

Beschreibung: Häufig sind am Morsum-Kliff
schalige, eisenhaltige Krusten, Röhren und auch sogenannte „Hexenschüsseln" zu finden. Feiner Sandstein wurde durch eisenhaltige Wässer teilweise imprägniert. Das Eisen des Limonit-Sandsteins wurde
ausgelöst und lagerte sich in Rissen und Spalten als
Siderit, einem Eisenkarbonat, ab. Durch fehlendes
Bindemittel und fortschreitende Verwitterung wurde
der weiche Limonitsand zersetzt, nur die harte Side-
ritkruste ist erhalten geblieben. Bei frischen Funden
kann man manchmal mit dem Fingernagel den Sand
im Inneren herauskratzen.

Wissenswertes: Der Sage nach lebte vor vielen
hundert Jahren ein geheimnisumwittertes Zwergenvolk in Schleswig-Holstein – die Unnerersken
(Unterirdischen). Eines Tages verließen sie das
Land und verschwanden auf Nimmerwiedersehen.
Zu finden ist nur ihr Geschirr, das man heute in Form
der „Hexenschüsseln" vor allem in Nordfriesland und
eben auf den Nordfriesischen Inseln finden kann.

Helmschnecke *Semicassis* cf. *rondeleti*

Größe: 2 bis 5 cm
Alter: Oberstes Miozän, 5,3 bis 7,5 Millionen Jahre
Häufigkeit: ●●○○○

Beschreibung: Es gibt nicht viele Fossilien im Limonit-Sandstein von Sylt. Eines der häufigsten ist die Schnecke *Semicassis* cf. *rondeleti*. Sie besitzt ein tonnenförmiges Gehäuse mit einer stumpf-kegelförmigen Spitze und einer aufgeblähten letzten Windung. Die Schale ist mit Spiralstreifen und einigen kräftigen Knotenreihen besetzt.

Wissenswertes: Die ehemalige Kalkschale hat sich in Limonit, ein Eisenkarbonat, umgewandelt. Dadurch sind viele morphologische Details verlorengegangen. Der Erhaltungszustand der Fossilien im Limonit-Sandstein ist in der Regel so schlecht, dass eine Bestimmung auf Artebene aufgrund fehlender Merkmale nicht erfolgen kann. Zudem ist fraglich, ob die Art *rondeleti* im Obersten Miozän noch vorkommt (S. 140).

Haiwirbel

Größe: 1 bis 5 cm

Alter: Oberstes Miozän, 5,3 bis 7,5 Millionen Jahre

Häufigkeit: ●○○○○

Beschreibung: Haie gehören zu den Knorpelfischen, ihr Skelett besteht aus Knorpel und nicht aus Knochen. Knorpel ist halb so schwer wie Knochen. Da Haie keine Schwimmblase besitzen, ist dies für ihre Schwimmfähigkeit sehr wichtig. Dies führt aber auch dazu, dass das Skelett von Haien nur in den seltensten Fällen fossil überlieferungsfähig ist. Bei älteren Tieren wird die Wirbelsäule durch Kalkeinlagerungen stabilisiert, weshalb manchmal versteinerte Haiwirbel gefunden werden können. Die Wirbel sind amphicoel, d.h. sie sind beiderseits wie ein Eierbecher geformt. Sie tragen keine seitlichen Verbreiterungen. Ihre Sanduhr-ähnliche Form ist unverkennbar.

Wissenswertes: Haiwirbel sind selten. Sie können sowohl lose im Glimmerton als auch eingebacken im Limonit-Sandstein gefunden werden.

Knochen von Meeressäugern

Größe: bis über 20 cm
Alter: Oberstes Miozän, 5,3 bis 7,5 Millionen Jahre
Häufigkeit: ●○○○○

Beschreibung: Funde von marinen Säugetieren wie Walen oder Robben sind vom Morsum-Kliff bekannt geworden, aber sehr selten. Zumeist handelt es sich dabei um Wirbel- oder Rippenknochen, aber auch Kieferteile von Walen sind bekannt geworden. Knochen besitzen eine spongiöse, poröse Struktur, die sie leicht erkennbar macht.

Wissenswertes: Walknochen kommen sowohl im Glimmerton als auch im Limonit-Sandstein vor. In der Regel kann man diese anhand der Farbe voneinander unterscheiden.

Walwirbel aus dem Glimmerton, der ja auch aus dem dänischen Gram oder aus Groß Pampau in Südholstein bekannt ist, können pyritisiert sein. Diese Schwefel-Eisen-Verbindung ist instabil und zersetzt an der Luft. Bei dieser chemischen Reaktion zerfallen häufig auch die Fossilien. Walwirbel aus dem Glimmerton mit weißgelben Ausblühungen und schwefeligem Geruch sind unweigerlich dem Zerfall preisgegeben.

KAOLINSAND

Kaolinsand ist ein heller Quarzsand mit Lagen feiner und grober Kieselsteine. Er führt einen hohen Gehalt an Kaolin („Porzellanerde"), der bei der Verwitterung von Feldspäten, einem Hauptbestandteil von Granit, entsteht.

Das Weiße Kliff bei Braderup besteht aus diesem hellen Kaolinsand des Pliozäns (Bild). Er wurde vor 2,6 bis 5,3 Millionen Jahren, also längst vor den Eiszeiten, durch große Flusssysteme hier abgelagert, man spricht vom „Baltischen Urstrom". Das Material stammt aus bis heute noch unbekannten Regionen, wahrscheinlich im Baltikum oder Gebieten, die noch weiter im Nordosten liegen.

In einigen Kiesgruben südlich von Braderup wurde Kaolinsand abgebaut. Auf den Halden ausgesiebter Steine können ganz besondere Fossilien gefunden werden: Schwämme aus dem Ordovizium, 450 Millionen Jahre alt. Zehntausende wurden bisher aufgesammelt. Man erkennt noch immer deutlich die poröse, schwammartige Struktur. Die häufigsten gehören zu den Gattungen *Astylospongia, Carpospongia, Caryospongia* oder *Aulocopium*. Einige neue Formen wurden sogar nach ihrem Fundort benannt: *Syltispongia ingemariae, Schismospongia syltensis* oder *Syltrochos pyramidoidalis*. Auch lose Korallen wie *Palaeofavosites, Heliolites, Halysites, Propora* und *Sarcinula*) sind nicht selten zu finden.

Eine weitere Besonderheit ist das Vorkommen von **Lavendelblauem Hornstein**, ein kieseliges Gestein von hellblau bis violettgrauer Färbung. Seine Heimat ist unbekannt, wird aber im Baltikum vermutet. Der Lavendelblaue Hornstein führt verschiedene Fossilien wie Brachiopoden (Armfüßer), Trilobiten, Kalkalgen und selten auch Schnecken und Einzelkorallen. Der auch von Gotland bekannte, gelblichgraue **Ojlemyr-Flint** tritt ebenfalls im Kaolinsand auf.

Kaolinsand ist vom Weißen Kliff zwischen Munkmarsch und Braderup, in heute stillgelegten Kiesgruben südlich von Braderup und am Klifffuss des Roten Kliffs bei Wenningstedt bekannt. Auch in „Klein Afrika", einer großen Sandfläche an der Westseite des Morsum-Kliffs, und am Morsum-Kliff selbst kommt Kaolinsand vor. Im Rantumbecken wurde er bei Sandvorspülungen erschlossen.

Ähnliche Kaolinsandvorkommen gibt es an der deutsch-niederländischen Grenze im sogenannten WWW-Gebiet (Wilsum – Wilsede – Westerhaar) und in der Lausitz. Hier kommen dieselben verkieselten Fossilien aus dem Ordovizium und Lavendelblaue Hornsteine vor. Auch im Nordosten der schwedischen Ostseeinsel Gotland kann man an den Stränden ebensolche Schwämme finden.

Besonders nach auflandigen Herbst- und Winterstürmen kann man hin und wieder auch heute noch die berühmten Schwämme an den Küsten von Sylt entdecken.

Schwamm *Astylospongia praemorsa*

Größe: 3 bis 5 cm
Alter: Spätes Ordovizium, ca. 453 bis 458 Millionen
Jahre
Herkunft: unbekannt, wahrscheinlich Baltikum
(Estland) und nordöstliche Gebiete
Häufigkeit: ●●●●○

Beschreibung: Der bekannteste Schwamm aus dem
Kaolinsand. Lose Schwämme aus dem Ordovizium
gelangten im späten Tertiär mit großen Flusssystemen
nach Norddeutschland. Vor allem auf Sylt konnte man
in den Kaolinsanden früher hunderte dieser Schwämme finden. Heute sind sie allerorts selten geworden.

Wissenswertes: *Astylospongia* findet sich selten auch
als Geschiebe in den Kiesgruben Schleswig-Holsteins
oder an den Steilküsten der Ostsee.

Von grauen Feuersteinkugeln ist *Astylospongia prae-
morsa* durch die zentrale Einsenkung und die über die
Oberfläche laufenden Kanälchen sicher zu trennen.

Schwamm *Caryospongia diadema*

Größe: 2 bis 3 cm
Alter: Spätes Ordovizium, ca. 453 bis 458 Millionen
Jahre
Herkunft: unbekannt, wahrscheinlich Baltikum
(Estland) und nordöstliche Gebiete
Häufigkeit: ●●○○○

Beschreibung: Dieser recht kleine Schwamm erreicht
selten mehr als 3 cm im Durchmesser. Sehr charakteristisch sind die 6 bis 8 (selten bis 10) „Rippen", die
dem Schwamm ein blumenartiges Aussehen verleihen.
Tiefe Kanäle sind in den Schwammkörper eingeschnitten. Manchmal kann man in den Kanälen feine
Porenöffnungen erkennen.

Wissenswertes: Dieser auffällige und
attraktive Schwamm gehört zu den
Seltenheiten im Kaolinsand von Sylt.

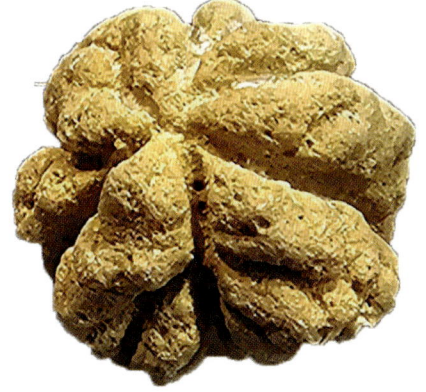

Schwamm *Carpospongia globosa*

Größe: 2 bis 5 cm
Alter: Spätes Ordovizium, ca. 453 bis 458 Millionen Jahre
Herkunft: unbekannt, wahrscheinlich Baltikum (Estland) und nordöstliche Gebiete
Häufigkeit: ●●●●○

Beschreibung: Neben den leicht erkennbaren Schwämmen der Gattung *Astylospongia* gibt es mehrere Arten, die keine trichterförmige Einsenkung besitzen. Die meisten haben eine mehr oder weniger runzelige oder wulstige Oberfläche. *Carpospongia globosa* erinnert hingegen fast an einen Golfball. In der glatten Oberfläche liegen zahlreiche, regelmäßig angeordnete, deutliche Poren.

Wissenswertes: Aufgrund der dicht stehenden größeren und den dazwischen liegenden winzigen Poren gut von ähnlichen Flintkugeln bzw. Klappersteinen zu unterscheiden.

Schwamm *Carpospongia conwentzi*

Größe: 2 bis 5 cm
Alter: Spätes Ordovizium, ca. 453 bis 458 Millionen Jahre
Herkunft: unbekannt, wahrscheinlich Baltikum
(Estland) und nordöstliche Gebiete
Häufigkeit: ●●●○○

Beschreibung: *Carpospongia conwentzi* besitzt eine polygonale Gestalt. Mehrere Einsenkungen auf der Oberfläche zeigen ein rosettenartiges Kanalsystem zwischen deutlichen höckerartigen Strukturen. Ein- und Ausstromöffnungen besitzen nahezu denselben Durchmesser.

Wissenswertes: Beim „Würfeln" bleibt *C. conwentzi* immer auf einer Seite liegen. So werden die zwar flachen, aber doch vorhandenen Einsenkungen auf der Oberfläche kenntlich.

Der runde Schwammkörper von *C. roemeri* (Bild rechts oben) ist mit höckerartigen Strukturen übersät, dazwischen befinden sich gewundene Vertiefungen, die in tiefen Einsenkungen enden. Der Schwamm ist kugelförmig.

Schwamm *Syltrochus pyramidoidales*

Größe: 3 bis 7 cm
Alter: Spätes Ordovizium, ca. 453 bis 458 Millionen Jahre
Herkunft: unbekannt, wahrscheinlich Baltikum (Estland) und nordöstliche Gebiete
Häufigkeit: ●●○○○○

Beschreibung: *Syltrochus* ist ein schüsselförmiger Schwamm mit zentraler Einsenkung, der im Laufe seines Wachstums eine Art Stiel entwickelt. Seine Oberfläche ist von zahlreichen kleinen Poren übersät, die kurzen Einstromkanälchen entsprechen. Wenige lange, gebogene, bis 1 mm dicke Ausströmkanälchen führen das Atemwasser zur Oberfläche zurück. Dieses Kanal-system ist bei aufgebrochenen Exemplaren gut sichtbar.

Wissenswertes: *Syltrochus* ist typisch für die Sylt-Lausitzer Gemeinschaft. Auf Gotland fehlt er vollständig, im WWW-Gebiet (S. 152) an der deutsch-holländischen Grenze ist er sehr selten.

Schwamm *Aulocopium aurantium*

Größe: 4 bis über 10 cm
Alter: Spätes Ordovizium, ca. 453 bis 458 Millionen Jahre
Herkunft: unbekannt, wahrscheinlich Baltikum (Estland) und nordöstliche Gebiete
Häufigkeit: ●●●●●

Beschreibung: Große bis sehr große Schwämme von schüsselförmiger Gestalt, mehr oder weniger rund im Umriss. Ihre Basis (Bilder rechts) ist glatt und besitzt unregelmäßig-konzentrische Strukturen. Die Oberseite (links) zeigt das typische Schwammskelett mit runden oder länglichen Öffnungen der Kanälchen. Die Schwämme werden groß, erreichen mehr als 10 cm im Durchmesser. Sie sind verkieselt, kommen auch in Lavendelblauem Hornstein vor. *Aulocopium* findet sich häufig in pliozänem Kaolinsand. Seine tatsächliche Heimat ist bis heute unbekannt.

Wissenswertes: *Aulocopium* ist wie alle Schwämme aus dem Kaolinsand völlig verkieselt. Mitunter entstehen intensiv gefärbte achatisierte Schwammkörper.

Schwamm *Hindia sphaeroidalis*

Größe: 1,5 bis 5 cm
Alter: Spätes Ordovizium, ca. 453 bis 458 Millionen Jahre
Herkunft: unbekannt, wahrscheinlich Baltikum (Estland) und nordöstliche Gebiete
Häufigkeit: ●●●●○

Beschreibung: Die Oberfläche des kugeligen Schwammes ist von Poren übersät. Die hier endenden Kanälchen sind radialstrahlig um einen Mittelpunkt angeordnet. Oftmals sind die unscheinbaren Funde aufgebrochen, sodass man den inneren Aufbau des Schwamms erkennen kann. Verwitterung lässt dann die verkieselten Strukturen noch deutlicher heraustreten.

Wissenswertes: Während *Hindia* regelmäßig im Geschiebe und dem Anstehenden Estlands gefunden wird, sind lediglich vier Funde aus Schweden bekannt. In den pliozänen Flussablagerungen des Baltischen Urstroms ist *Hindia* häufig vertreten.

Stromatopore *Stromatopora* sp.

Größe: bis über 10 cm
Alter: Ordovizium bis Silur, ca. 420 bis 458 Millionen Jahre
Herkunft: südöstlicher Ostseeraum von Gotland bis Estland
Häufigkeit: ●●●●○

Beschreibung: Die schwammähnlichen Stromatoporen sind wichtige Riffbildner. Sie bilden unregelmäßige bis rundliche, glockenförmige Körper. Seitlich betrachtet kann man deutlich ihren lagigen Aufbau erkennen. Auf den Oberflächen der einzelnen Lagen sind bei aufgebrochenen Funden mitunter höckerartige Strukturen erkennbar, von deren Zentrum ausgehend sich kleine Kanälchen sternförmig verzweigen.

Man kennt aus dem Lavendelblauen Hornstein von Sylt vornehmlich zwei Gattungen, *Simplexodictyon* mit streng geometrisch horizontal angeordneten Skelettelementen und *Ecclimadictyon* mit unregelmäßig netzartig angeordneten Skelettelementen.

Wissenswertes: „Stromatopora" bedeutet übersetzt „löchrige Decke". Stromatoporen lebten in lichtdurchfluteten tropischen oder subtropischen Meeresbereichen.

Bödenkoralle *Palaeofavosites* sp.

Größe: 2 bis über 10 cm
Alter: Silur, ca. 420 bis 440 Millionen Jahre
Herkunft: Gotland (Schweden), Ostseeuntergrund, Estland
Häufigkeit: ●●●●●

Beschreibung: Die tabulaten Korallen lebten ausschließlich in den Meeren des Erdaltertums. Sie gehören zu den ersten Riffbildnern. Viele Coralliten, so nennt man die Röhren der Einzeltiere, sind miteinander verwachsen und bilden eine Kolonie. Über Wandporen stehen die Polypen miteinander in Kontakt. Charakteristisches Kennzeichen sind Querböden, die in die Coralliten eingezogen sind. Man sieht sie im Querschnitt (Bilder rechts) sehr deutlich. Septen, die bei vielen anderen Korallen kennzeichnend sind, sind bei den Bödenkorallen auf ein paar Wanddornen reduziert. Die Querschnitte der Coralliten sind bei Favosites meist fünf- oder sechseckig. Die Kolonie sieht in der Aufsicht wabenartig aus. Häufig sind die einzelnen Kammern der Favositiden achatisiert oder mit Quarzkristallen ausgekleidet.

Wissenswertes: Die ausgestorbenen Bödenkorallen (Tabulata) gehören zu den wichtigsten Riffbildnern des Erdaltertums.

Orgelkoralle *Sarcinula* sp.

Größe: 2 bis 8 cm
Alter: Spätes Ordovizium, ca. 453 bis 458 Millionen Jahre
Herkunft: unbekannt, wahrscheinlich Baltikum (Estland) und nordöstliche Gebiete
Häufigkeit: ●●●○○

Beschreibung: Die Kelche der Orgelkoralle sind in der Aufsicht rund, sie stehen in einigem Abstand zueinander und sind auf der Oberfläche etwas erhaben. Sie sind auffallend dickwandig. Im Anschliff oder bei ausgewitterten Stücken sind sie auch im Querbruch als Röhren deutlich zu erkennen. Die Tabulae („Böden") zwischen den Coralliten verlaufen horizontal oder leicht konkav. Sie stehen in einigem Abstand zueinander, bilden ein grobes Maschenwerk.

Wissenswertes: Ausgewitterte Exemplare zeigen die typischen Strukturen besonders gut.

Bödenkoralle *Heliolites* sp. / *Propora* sp.

Größe: 1 bis über 10 cm
Alter: Spätes Ordovizium bis Silur, ca. 420 bis 458 Millionen Jahre
Herkunft: Gotland, Ostseeuntergrund, Nordbaltikum bis Estland
Häufigkeit:

Beschreibung: Die Kelche von *Heliolites* sind rund und berühren einander nicht. Zwischen ihnen befindet sich ein feines Zwischengewebe, das sogenannte Coenchym. Die Kelche von *Heliolites* sind nicht über die Oberfläche erhaben. Alle Röhren zeigen im Querbruch die für die tabulaten Korallen typischen Querböden.

Wissenswertes: Während die runden Öffungen bei *Heliolites* in einem undifferenzierten Zwischengewebe liegen, sind sie bei *Propora* durch strahlig angeordnete Elemente voneinander getrennt.

Heliolitide Korallen konnten bis zu 1 m Durchmesser erreichen. Man nimmt an, dass sie Algensymbionten beherbergten, weshalb sie in lichtdurchfluteten Meeresregionen lebten und photosymbiontisch tätig waren.

Kalkalge *Coelosphaeridium sphaericum*

Größe: 1 bis 3 cm Durchmesser
Alter: Spätes Ordovizium, ca. 453 bis 458 Millionen Jahre
Herkunft: unbekannt, wahrscheinlich Baltikum (Estland) und nordöstliche Gebiete
Häufigkeit: ●●●○○

Beschreibung: Die kleine, kugelige Alge erreicht kaum die Einzentimetermarke, dafür war ihr wissenschaftlicher Name früher umso länger: *Coelosphaeridium cyclocrinophilum*. Heute heißt die Kugelalge *C. sphaericum*. Sie gehört zu den kalkabscheidenden Algen (Dasycladales). Ihr Körper besteht aus einer einzigen Zelle, die durch eingebaute Gerüstelemente aus Kalk Stabilität erhält. Die Algen sind am Untergrund flacher und warmer Meeresbereiche festgewachsen. *Coelosphaeridium* kommt auf Sylt im Lavendelblauen Hornstein vor, zumeist in mehreren Exemplaren.

Wissenswertes: Als Grünalge braucht sie Sonnenlicht zur Photosynthese und geht deshalb kaum tiefer als 20 m.

Trilobit *Neoasaphus* sp.

Größe: 1 bis 3 cm
Alter: Spätes Ordovizium, ca. 453 bis 458 Millionen Jahre
Herkunft: unbekannt, wahrscheinlich Baltikum (Estland) und nordöstliche Gebiete
Häufigkeit: ●●●○○

Beschreibung: Die asselähnlichen Trilobiten besitzen einen dreigeteilten Panzer, der aus einem Kopfschild, einem Rumpf mit gegeneinander beweglichen Rippen, und einem Schwanzschild besteht. Der Panzer besteht aus einer chitinähnlichen Substanz. Er wächst nicht mit und muss in regelmäßigen Abständen gehäutet werden. Ihre Häutungsreste findet man in vielen verschiedenen Sedimenten. Hin und wieder findet man Lavendelblaue Hornsteine, die die halbkreisförmigen Schwanzschilde der Gattung *Neoasaphus* führen.

Wissenswertes: In der Regel muss man Kalksteine aufschlagen, um Trilobiten oder deren Häutungsreste zu finden. Selten liegen ihre Überreste auf der Oberfläche von Gesteinen frei.

Brachiopode *Leptaena* sp.

Größe: 1 bis 3 cm

Alter: Spätes Ordovizium, ca. 453 bis 458 Millionen Jahre

Herkunft: unbekannt, wahrscheinlich Baltikum (Estland) und nordöstliche Gebiete

Häufigkeit: ●●●○○

Beschreibung: Brachiopoden oder Armfüßer sind muschelähnliche Organismen. Ihre beiden Klappen sind jedoch nicht spiegelsymmetrisch zueinander sondern in sich symmetrisch. Es gibt eine größere Stielklappe und eine kleinere Armklappe, die das Armgerüst trägt, das zum Filtern von Nahrung dient. Brachiopoden sind mit einem Stiel am Untergrund festgeheftet.

Armfüßer kommen in vielen verschiedenen Gesteinen vor, sie treten häufig auch im Lavendelblauen Hornstein auf. Die abgebildete *Leptaena* besitzt einen geraden Schloßrand und einen gerundet trapezförmigen Umriss mit zahlreichen feingerippten Anwachslinien.

Wissenswertes: Auch heute gibt es noch lebende Brachiopoden, sie sind jedoch unbedeutend und treten gegenüber den Muscheln zahlenmäßig deutlich zurück.

Ojlemyr-Flint

Größe: bis über 10 cm
Alter: Oberes Ordovizium, 446 bis 453 Millionen Jahre
Herkunft: unbekannt, wahrscheinlich Baltikum (Estland) und nordöstliche Gebiete
Häufigkeit: ●●●○○

Beschreibung: Beim Ojlemyr-Flint handelt es sich um einen graugrünen, dichten und verkieselten Schlammstein, mitunter mit einer hellen, manchmal porösen Verwitterungsrinde. Schichtflächen und Oberfläche zeigen häufig rotbraune Anlauffarben. Ojlemyr-Flint führt Brachiopoden (Bild links), Trilobiten, tabulate Korallen, Muschelkrebse und einige andere Fossilien.

Wissenswertes: Carl Wiman, ein schwedischer Geologe, beschrieb diesen Gesteinstyp erstmals im Jahr 1901 nach dessen gehäuftem Vorkommen im Ojle Myr („Eulenmoor") im Nordwesten von Gotland. Ojlemyr-Flint ist ausschließlich als Geschiebe bekannt.

Achat

Größe: bis über 10 cm
Alter: Spätes Ordovizium, ca. 453 bis 458 Millionen Jahre
Herkunft: unbekannt, wahrscheinlich Baltikum (Estland) und nordöstliche Gebiete
Häufigkeit: ●●●○○

Beschreibung: Eine Quarzvarietät, die durch rhythmische Kristallisation gekennzeichnet ist und dadurch zumeist eine farbige Bänderung aufweist. Achate bilden sich meistens in Hohlräumen, beim Aufsägen dieser „Drusen" zeigt sich ihre wahre Pracht. Hohlraumfüllungen in Lavendelblauen Hornsteinen können ebenso wunderschöne Achatbänderungen aufweisen. Auch einige verkieselte Schwämme (Bild rechts) sind in ihrem Inneren achatisiert. Im Durchlicht sind aufgeschnittene und polierte Funde beeindruckende Sammlungsstücke.

Wissenswertes: Während man Achate meist mit der Bildung vulkanischer Ergussgesteine assoziiert, haben sich die Sylter Achate in Sedimentgesteinen oder in Hohlräumen von Fossilien gebildet. Ihre genaue Entstehung ist bis heute nicht abschließend geklärt. Im Kaolinsand von Sylt kommen auch teils von Achat umschlossene Quarzdrusen mit Bergkristallen vor.

„Steine, Steine, nichts als Steine – was gibt es doch für merkwürdige Hobbies" – so, oder so ähnlich klingt es meist, wenn ein Sammler Gäste durch Haus und Sammlung führt. Angefangen hat es oft ganz harmlos. Auf einem Strandspaziergang oder im eigenen Garten fällt plötzlich ein merkwürdiger Stein auf. Seine regelmäßige Form und die Muster auf seiner Oberfläche lassen vermuten, dass es sich bei dem Fund um etwas besonderes handelt. Man fragt und forscht und schließlich ist das Rätsel gelöst. Ein Seeigel aus der Kreidezeit wird zum Grundstock einer Sammlung. Bei den folgenden Spaziergängen ist der Blick stets nach unten gerichtet, und so bekommt der Seeigel bald Gesellschaft. Ein Donnerkeil, eine Muschel, ein Bernstein und manch anderes Stück füllen die Fensterbank. Später kommt die Erkenntnis, dass all die prachtvollen Exponate ja eigentlich hinter Glas müssen, um nicht einzustauben. Die Vitrine im Wohnzimmerschrank wird geräumt, damit die Steinchen Platz finden.

Mit der Zeit wird das Sammeln von Steinen durch das gezielte Suchen abgelöst. Man findet in seinem Geologenhammer einen ständigen Begleiter am Strand oder in der Kiesgrube. Das Aufschlagen der Steine ist wie das Blättern im Bilderbuch der Erdgeschichte. Die Jahrmillionen alten Schichten offenbaren eine Welt, die bisher fremd und verborgen blieb. Tiergruppen, die seit Urzeiten bereits ausgestorben sind, kommen ans Tageslicht. Kristalle zeugen von der Schönheit der Natur. Steinzeitwerkzeuge erzählen vom Leben unserer Vorfahren.

Der Wohnzimmerschrank ist längst zu klein geworden. Die Familie meutert, wenn nach und nach Stein um Stein das einst so gemütliche Wohnzimmer ziert. Man zieht in den Keller. Sammlungsschränke und Glasvitrinen werden angeschafft, es wird präpariert und bestimmt. Ab und zu kommt die Familie in die heiligen Gewölbe, damit der Kontakt nicht ganz abreißt. Der Urlaub führt sowieso an unterschiedliche Ziele. Was soll an einem Steinbruch so langweilig sein? Der Blick wird geschärft, auch was mögliche Konkurrenz betrifft: Trägt der Strandwanderer Stiefel, Rucksack oder gar Hammer oder ist es ein harmloser Spaziergänger, so wie man selbst noch vor wenigen Jahren? Am Strand wird gegrüßt, was sich bewegt, und was sich nicht bewegt, wird aufgeschlagen. Sammler erkennt man an dem gebräunten Nacken und dem blassen Gesicht.

Viele der Funde kann man schon selbst bestimmen, wo Probleme auftreten, hilft der Fachmann. Man trifft sich mit Gleichgesinnten, tauscht sich aus und plant gemeinsame Unternehmungen. Fachliteratur muss her, damit man auf dem Laufenden bleibt. Internetplattformen und Soziale Medien werden durchstöbert. Die Sammlung wächst, man setzt Schwerpunkte, und ganz allmählich wird man zu einem Kenner auf seinem Gebiet. Was man anfangs nie für möglich hielt, ist am Ende eingetreten: Man ist ihr doch erlegen – der Faszination der Steine.

Wurmröhren *Skolithos linearis*

Größe: 2 bis 4 mm Röhrendurchmesser
Alter: Unteres Kambrium, ca. 520 Millionen Jahre
Herkunft: Südschweden, Öland (Schweden), östlich bis Estland
Häufigkeit: ●●●●●

Beschreibung: Die ältesten Fossilien Deutschlands liegen am Strand von Sylt. Wohnröhren von unbekannten, wurmartigen Organsimen wurden im flachen Wasser oder in der Gezeitenzone des unterkambrischen Meeres angelegt. Weil sich immer neuer Sand ablagerte, musste das Tier seine Röhre nach oben verlängern, um nicht verschüttet zu werden. Erst entstanden die Wohnröhren, dann wurde Sediment zwischen ihnen abgelagert. Aus diesem Grund verlaufen die Sandschichten ungestört, sind nicht von den Röhren beeinflusst. Besonders reizvoll sind Fundstücke mit violetten Röhren, die aus dem Kalmarsund bei Öland stammen. Solche gleichbleibend schmalen, unverzweigten Röhren werden als *Skolithos linearis* bezeichnet (vgl. *Sabellaria*, S. 103).

Wissenswertes: Auf Sylt kann man Skolithen-Sandsteine häufig im Kaolinsand finden.

Grabbau *Monocraterion tentaculatum*

Größe: 2 bis 4 mm Röhrendurchmesser
Alter: Unteres Kambrium, ca. 520 Millionen Jahre
Herkunft: Südschweden, Öland (Schweden), östlich
bis Estland
Häufigkeit: ●●●●○

Beschreibung: Im Unterschied zu den nach oben
errichteten Wohnröhren von *Skolithos*, haben die Er-
zeuger von *Monocraterion tentaculatum* gebuddelt. Bei
ihrer Grabtätigkeit wurden die horizontal abgelagerten
Sandschichten nach unten verbogen, es entstand eine
girlandenförmige Schichtung. Blickt man von oben auf
den Stein, sieht man zwei ineinander liegenden Kreise.
Der innere Kreis entspricht der Wohnröhre, der äußere
Kreis kennzeichnet das nachgerutschte Sediment.

Wissenswertes: Das ähnliche *Diplocraterion* (Bild
rechts) besitzt eine u-förmige Röhre, ähnlich dem
heute lebenden Wattwurm. In der Aufsicht kann man
die beiden nebeneinander liegenden Röhren und die
verbindende Spreite als hantelförmiges Muster auf der
Gesteinsoberfläche erkennen.

Seeigel *Galerites vulgaris*

Größe: 1,5 bis 3 cm
Alter: Späte Kreide, ca. 70 Millionen Jahre
Herkunft: Norddeutschland, Dänemark
Häufigkeit: ●●●●○

Beschreibung: Seeigel der Gattung *Galerites* gehören zu den schönsten Funden, die man am Strand machen kann. Sie sind fast rund. Die Kalkschale des Seeigels ist in der Regel abgerollt, nur der dunkle Flintkern hat der Brandung widerstanden. Es gibt dabei sehr unterschiedliche Erhaltungszustände.

Man kennt mehrere Arten, die anhand ihrer Kalkplatten und Porenöffnungen unterschieden werden. Diese feinen Merkmale sind aber nicht erhalten und so bleibt die Art zumeist unbestimmbar.

Wissenswertes: Sehr selten gibt es von der fünfstrahligen Symmetrie abweichende Exemplare, die 4 (Bild rechts) oder sogar 6 Strahlen haben.

Seeigel *Echinocorys obliquus*

Größe: 3 bis 10 cm
Alter: Späte Kreide bis Paläogen (Danium), ca. 60 bis 70 Millionen Jahre
Herkunft: Norddeutschland, Dänemark
Häufigkeit: ●●●●●

Beschreibung: Seeigel der Gattung *Echinocorys* gehören zu den häufigsten Fossilfunden am Strand, eingebettet in Feuerstein oder lose im Kies, aber auch auf dem Acker. Die Qualität ist dabei sehr unterschiedlich. Exemplare mit erhaltener Kalkschale, bei denen jede Platte erkennbar ist, liegen neben völlig ausgewaschenen Feuersteinkernen, deren Ambulakralfelder tief eingeschnitten sind. Andere sind so weit abgerollt, dass man den ursprünglichen Seeigel nur erahnen kann. Kennzeichnend für *Echinocorys* ist die ovale Form, das zugespitzte Ende ist dabei hinten. Auf der Bauchseite sieht man die Mundöffnung, die deutlich an den Vorderrand verlagert ist. Hier treffen auch die Ambulakralfelder (Punktreihen) aufeinander. Der After liegt am Hinterrand. Große Exemplare von *Echinocorys* erreichen 8 bis 10 cm Länge.

Wissenswertes: Der kleine *Echinocorys obliquus* kann an einigen Stränden des Limfjords in Dänemark zu Hunderten aufgesammelt werden, liegt aber auch in den Kiesstreifen an Supermärkten oder Parkplätzen.

Donnerkeile Belemniten

Größe: 2 bis 8 cm
Alter: Späte Kreide, ca. 70 Millionen Jahre
Herkunft: Norddeutschland, Dänemark
Häufigkeit: ●●●●●

Beschreibung: Es sind die mit Abstand häufigsten Fossilien vom Ostseestrand. Viele Sammler haben Bonbongläser voller Donnerkeile auf der Fensterbank stehen. Auf Sylt sind sie hingegen sehr selten. Weil sie so typisch und weit bekannt sind, seien sie hier dennoch vorgestellt.

Donnerkeile sind spitz zulaufend, radialstrahlig aufgebaut, sie haben einen zentralen Kanal, der sich vorn zur Alveole öffnet. Im Querschnitt sieht man ringförmige Anwachslinien. Bei uns sind Donnerkeile immer bernsteinfarben.

Wissenswertes: Donnerkeile sind die kalkigen Gehäusespitzen einer ausgestorbenen Gruppe von Kopffüßern, keine Fangarme, wie manche behaupten. Im Volksglauben wurden sie von dem Donnergott Thor mit seinem Hammer durch die Wolken geschlagen. Dabei entstanden Blitz und Donner, was zur Namensgebung führte. Und da ein Blitz nie zweimal an derselben Stelle einschlägt, ist der Träger eines Donnerkeils bei Gewitter geschützt.

Schwämme im Feuerstein

Größe: 1 bis über 10 cm
Alter: Späte Kreide, ca. 70 Millionen Jahre
Herkunft: Norddeutschland, Dänemark
Häufigkeit: ●●●●●

Beschreibung: Rundliche, keulenförmige oder längliche Feuersteinknollen können in ihrem Inneren einen
Schwamm eingeschlossen haben. Am bekanntesten
sind die Klappersteine (*Plinthosella,* kleines Bild rechts),
in deren Innerem ein kleiner, freigewitterter Schwamm
beim Schütteln ein klapperndes Geräusch erzeugt. Aber
auch reißverschlussartige (*Aphrocallistes;* Bild unten
links) oder gitter- bis netzförmige Strukturen (*Ventri-
culites*; Bild rechts) im Feuerstein weisen auf einen
versteinerten Schwamm hin.

Wissenswertes: Ein Schwamm besitzt viele kleine
Einstromöffnungen und deutlich größere Ausstromöffnungen. Das Wasser strömt durch die Körperwand
des Schwamms ein, Sauerstoff und Nahrungspartikel
werden herausgefiltert. Durch die Ausstromöffnung wird
das Wasser wieder ausgeschieden. Wenn man genau
hinsieht, kann man bei einem versteinerten Schwamm
diese zwei unterschiedlich großen Porenöffnungen
wiedererkennen (Bild oben links).

Seelilienstielglieder

Größe: 0,5 bis 1 cm Durchmesser, bis zu mehreren
Zentimetern lang
Alter: Obere Kreide, ca. 70 Millionen Jahre
Herkunft: Norddeutschland, Dänemark, südliches
Schweden
Häufigkeit: ●●●●○

Beschreibung: Seelilien gehören wie Seesterne oder
Seeigel zu den Stachelhäutern. Sie besitzen eine Krone
aus fünf, häufig mehrfach verzweigten Armen, mit denen
sie ihre Nahrungspartikel aus dem Wasser filtern, einen
langen Stiel, der aus zahlreichen kleinen, stern- bis
scheibenförmigen Stielgliedern besteht, und eine Wurzel,
mit denen das Tier am Untergrund festgeheftet ist. Nach
dem Tod des Tiers kann der Stiel in seine einzelnen
Elemente zerfallen. Jedes Stielglied zeigt dabei ein
blumenförmiges Muster mit der typischen fünfstrahligen
Symmetrie.

Wissenswertes: Seelilienstielglieder können lose im
Strandkies gesammelt werden, sie kommen aber auch im
Feuerstein vor.

Arten aus dem Erdaltertum sind zumeist rund und zeigen
ein Sonnenrad-ähnliches Muster.

Bernstein

Größe: über 10 cm
Alter: Eozän, Paläogen, ca. 50 Millionen Jahre
Herkunft: nordöstliches Skandinavien bis Baltikum
Häufigkeit: ●●●○○

Beschreibung: Bernstein, „Tränen der Götter" und zugleich wohl begehrtestes Sammelobjekt aller Strandwanderer und Küstenläufer. Im frühen Eozän erstreckte sich ein riesiger Bernsteinwald von Schweden weit nach Norden und Osten bis über das Baltikum hinaus. Das Klima war subtropisch, häufige Regenfälle spülten das Harz der Bernsteinkiefer und anderer Harz produzierender Bäume in Flüsse und Seen, wo es unter Luftabschluss konserviert wurde. Man vermutet, dass ein riesiges Flusssystem, der Eridanos, sein Delta im Bereich des heutigen Königsberg hatte. Hier wurde die sogenannte Blaue Erde und mit ihr Millionen von Bernsteinstücken abgelagert. Prähistorische Flüsse und eiszeitliche Schmelzwasserströme haben den Bernstein dann weiter verbreitet. Man findet ihn zwischen Sprockholz und Tuul, besonders nach Stürmen, im Angespül.

Wissenswertes: Der Sage nach wirft der friesische Seetroll Ekke Nekkepen den Bernstein Jungfrauen vor die Füße.

KRAFT DES EISES

Ganz Norddeutschland besteht aus Sand, Kies und Schotter. Ohne die Eiszeiten gäbe es kein Schleswig-Holstein, nur der Segeberger Gipsberg würde als einsame Insel aus der vereinigten Nord-Ostsee herausschauen. Auch weite Teile Mecklenburg-Vorpommerns verdanken ihre Existenz ausschließlich den Hinterlassenschaften der eiszeitlichen Gletscher.

Vor rund 115.000 Jahren sanken die Temperaturen deutlich. Es begann im Norden zu schneien, so stark, dass der Schnee im Sommer nicht mehr taute. Durch die hohe Auflast schmolzen die filigranen Schneekristalle zu kleinen Eiskörnchen. Aus 80 cm Schnee wurde 1 cm dickes Gletschereis. Über den Kaledoniden, dem Grenzgebirge zwischen Norwegen und Schweden, bildete sich eine riesige, bis zu 3000 m mächtige Eisdecke. Eine theoretische Schneemenge von 240 km Dicke war nötig, um diesen Panzer zu bilden. Weil eine gigantische Wassermenge im Gletscher gebunden war, lag der Meeresspiegel weltweit 100 bis 120 m unter dem heutigen Niveau. Das Gewicht der Gletscher war so groß, dass sich der skandinavische Kontinent einige 100 m tief absenkte. Eis wird unter hohem Druck allerdings plastisch, es beginnt zu fließen. Gletscherzungen schoben sich durch die Täler. Gesteinsschutt fror im Eis fest und wurde mitgeschleppt. In Risse und Spalten des gewachsenen Felsens drang Wasser ein. Beim Gefrieren dehnt sich Wasser aus, und so wurden hausgroße Felsblöcke aus ihrem natürlichen Verband herausgesprengt. Der Gletscher schob sich etwa 100 m im Jahr nach Süden. Die mitgeführten Gesteine nennt man deshalb Geschiebe. Sie wurden auf dem Transport abgeschliffen und teilweise zu Sand zerrieben. Nach dem Abtauen der Gletscher blieben Sand und Steine zurück, und diese formen heute Norddeutschland.

Unter dem Gletscher hatte sich **Geschiebemergel**, ein kalkhaltiger Ton, abgelagert, der nun die sogenannte **Grundmoräne** bildete. Vor dem Gletscher wurden bis zu 100 m hohe **Endmoränen** aufgeworfen, Blockpackungen von Steinen steckten in ihrem Inneren. Das **Schmelzwasser** spülte den Sand aus dem Gletschertor, sodass vor den Endmoränen riesige **Sanderflächen** aufgeschüttet wurden. In den Steilküsten sind die eiszeitlichen Ablagerungen heute angeschnitten. Sie ermöglichen einen Blick in das Eiszeitalter: Grauer Geschiebemergel, brauner Geschiebelehm und helle Sande, die manchmal rostig verfärbt sind, sind ein farbenfrohes Erbe der Eiszeiten.

Bild: Eisberg im Eisfjord von Ilulissat, Grönland.

Gletscherschrammen

Größe: bis Findlingsgröße
Alter: eiszeitlich
Herkunft: Skandinavien
Häufigkeit: ●●●○○

Beschreibung: Die Gletscher der Saale-Kaltzeit und der älteren Elster-Kaltzeit haben Gesteine aus dem gewachsenen Felsen Skandinaviens und des Baltikums mit gewaltiger Kraft herausgerissen und auf ihrem Weg nach Süden mitgeschleift. Dabei wurden Gesteinstrümmer gegeneinander und gegen den gefrorenen Untergrund gepresst. Wie mit einem Schleifpapier wurden diese sogenannten Geschiebe glatt geschliffen. Größere Körner und Steinchen verursachten Kratzer auf der flachen Gesteinsober- bzw. Unterseite. Diese eiszeitlichen Kratzspuren bezeichnet man als Gletscherschrammen. Sie sind meistens parallel zueinander angeordnet. Quer zueinander verlaufende Gletscherschrammen zeugen von wechselnden Transportrichtungen.

Wissenswertes: Gletscherschrammen finden sich vor allem auf relativ weichen, homogenen Kalksteinen.

Parabelrisse & Druckmarken

Größe: Parabelrisse bis über 10 cm, Sichelsprünge
bis über 1 m Länge
Alter: eiszeitlich
Herkunft: Skandinavien
Häufigkeit: ●●●○○

Beschreibung: Die Gletscher der Eiszeit waren mehrere 100 m mächtig. Mit ihrem enormen Gewicht pressten
sie die Steine in ihrem Inneren aufeinander. Durch diesen hohen Druck entstanden Muster auf der Oberfläche
von Feuersteinen, als drücke man seinen Fingernagel
in Knetgummi (Bild rechts).

Wenn Feuersteine ruckartig über einen harten Untergrund geschoben werden, entstehen aus solchen
Druckmarken fischgrätenartige Muster. Sie sind aus
vielen flachen Bögen zusammengesetzt und werden
deshalb als **Parabelrisse** bezeichnet. Die gebogenen
(konvexen) Seiten zeigen dabei in Richtung des
Gletschertransports.

Wissenswertes: Wenn große Findlinge stockend über
Gesteinsflächen geschoben werden, entstehen sichel-
förmige Sprünge mit kleinen Ausbrüchen im Felsen.
Bei diesen mehrere Zentimeter voneinander entfernten
Sichelsprüngen zeigt die offene Seite in Transport-
richtung.

Windkanter

Größe: 3 cm bis Findlingsgröße
Alter: nacheiszeitlich
Herkunft: Skandinavien
Häufigkeit: ●●●●○

Beschreibung: Windkanter entstehen, wenn sand-
beladener Wind in vegetationsarmen Gegenden über
lange Zeit hinweg ungestört über freiliegende Steine
weht. Durch den Windschliff erhält der Stein eine oder
mehrere Kanten, so gibt es Einkanter, Dreikanter und
auch Fünfkanter. In Norddeutschland entstanden sie
in den Periglazialzeiten, in Tundren oder Polarwüsten.

Wissenswertes: Aus der Antarktis, wo Steine auf
Pfosten von Forschungsstationen gelegt wurden,
weiß man, dass bereits nach 50 Jahren ein deutlicher
Windschliff erkennbar ist.

Auf Sylt findet man sie vor allem in Dünentälern, an
den alten Kliffs oder auf freigelegten Sandflächen.

Windgeschliffener Feuerstein

Größe: 1 bis über 25 cm
Alter: nacheiszeitlich
Herkunft: Skandinavien
Häufigkeit: ●●●○○

Beschreibung: Bei Windkantern (S. 184) handelt es sich in der Regel um quarzitische Sandsteine. Bei Feuersteinen entstehen aufgrund ihrer Härte und Zähigkeit keine Kanten. Sie werden vielmehr vom Wind poliert, bekommen dadurch einen typischen speckigen Glanz („Firnis").

Wissenswertes: Der Glanz ist charakteristisch und unverkennbar, wenn man einmal einen windgeschliffenen Feuerstein in der Hand gehalten hat. Der naturpolierte Feuerstein gilt als echter Handschmeichler.

Aus der nordafrikanischen Wüste kennt man ähnliche Funde. Hier wird der „Wüstenlack" durch einen Überzug aus Eisen- und Manganverbindungen erzeugt.

BORCHERDING, R. & STOCK, M. (2017): Küstenpflanzen an Nord- und Ostsee. – 160 S., zahlr. Abb.; Kiel/Hamburg.

BOSSAU, K.-U. & KLOCKENHOFF, R. (1977): Neues zur Stratigraphie der Sylt-Stufe am Morsumkliff/Sylt. Schr. Naturw. Ver. Schlesw.-Holst., 47: 25-38, 4 Abb., 2 Tab.; Kiel.

DEGENS, E.T., HILLMER, G. & SPAETH, C. [Hrsg.] (1984): Exkursionsführer Erdgeschichte des Nordsee- und Ostseeraumes. – 575 S., zahlr. Abb., Tab. und Taf.; Hamburg.

DIETZ, C. & HECK, H.-L. (1952): Geologische Karte von Deutschland, 1 : 25.000. Land Schleswig-Holstein. Erläuterungen zu den Blättern Sylt-Nord und Sylt-Süd. – 110 S., 5 Abb., 3 Tab., 6 Taf.; Kiel.

FRAAIJE, R. H. B., HANSEN, J. & HANSEN, T. (2005): Late Miocene decapod faunas from Gram, Denmark. – Palaeontos, 7: 51-61, 4 Abb., 1 Taf.; Antwerpen.

GAGEL, C. (1905): Über die Lagerungsverhältnisse des Miocäns am Morsumkliff auf Sylt. – Jahrbuch der Preußischen Geologischen Landesanstalt, 26 (2): 246-253, Taf. 6-8; Berlin.

GOEBEL, F. (1950): Sylt. Vergangenheit - Gegenwart und Zukunft einer Insel. – 16 S., 1 Abb.; Eckernförde.

GRAVESEN, P. (1993): Fossiliensammeln in Südskandinavien. – 1-248, zahlr. Abb.; Korb.

GRIPP, K. (1915): Über das marine Altmiocän im Nordseebecken. – Neues Jahrbuch für Mineralogie, Geologie und Paläontologie, Beilage-Band, 41: 1-59, 2 Taf.; Stuttgart.

GRIPP, K. (1922): Marines Pliozän und *Hipparion gracile* Kaup vom Morsumkliff auf Sylt. – Zeitschr. d. Deutsch. Geol. Ges. 74 (2-4): 169-206, 1 Abb., 1 Taf.; Berlin.

GRIPP, K. (1963): Neue Beobachtungen im Pliozän von Sylt. – Mémoire de la Société Belge de Géologie, 6: 101-110, 2 Taf.; Brüssel.

GRIPP, K. (1964): Erdgeschichte von Schleswig-Holstein. – 411 S., 63 Abb., 57 Taf., 3 Kt., Neumünster.

GRIPP, K. (1968): Neue Funde aus dem Miozän und Pliozän von Amrum und Sylt. – Meyniana, 18: 1-8, 3 Taf.; Kiel.

HINSCH, W. (1977): Die Molluskenfauna des Syltium vom Morsum-Kliff. – Schr. Naturw. Ver. Schlesw.-Holst., 47: 39-56, 5 Abb., 2 Taf.; Kiel.

HINSCH, W. (1980): Morsum-Kliff, von Gletschern (Elster) aufgeschuppte Sande und Tone des Tertiärs.– In: Stremme, H. E. & Menke, B. [Hrsg.] (1980): Quartär-Exkursionen in Schleswig-Holstein. S. 94-101; Kiel.

HUCKE, K. (1967): Einführung in die Geschiebeforschung. – 1-132, 24 Abb., 5 Tab., 2 Kt., 50 Taf.; Oldenzaal.

HUISMAN, H. (1987): Verkieselte Korallen aus dem Kaolinsand von Sylt. In: Ulrich von Hacht [Hrsg.]; Fossilien von Sylt, II.: 149-177, 2 Abb., 1 Tab.; 7 Taf.; Hamburg.

JESSEL, H. (o.J.): Wanderwege auf Sylt. – 64 S., zahlr. Abb., 21 Taf., Flensburg.

KAZMIERCZAK, J. (1987): Stromatoporen aus dem Kaolinsand von Braderup auf Sylt. In: Ulrich von Hacht [Hrsg.]; Fossilien von Sylt, II.: 179-183, 2 Taf.; Hamburg.

KLATT, E. (2012): Sylt im Klimawandel. – 120 S., zahlr. Abb., Neumünster.

KLATT, E. (2013): Sylt. Geologie einer Nordseeinsel. – 144 S., zahlr. Abb., Neumünster.

KOCH, L. (2022): Natürlich Sylt. Der Natur-Erlebnisführer. – 262 S., zahlr. Abb.; Hamburg.

KRAUSE, K.-H. (2014): Das Morsum-Kliff als Typlokalität für das Syltium und Morsumium. – Arbeitskreis Paläontologie Hannover, 42: 33-37, 7 Abb.; Hannover.

KREMER, B.P. (2023): Sylt. Ein Naturreiseführer. – 167 S., zahlr. Abb.; Wiebelsheim.

Montag, A. (1987): Obermiozäne Krebse von Sylt. In: Ulrich von Hacht [Hrsg.]; Fossilien von Sylt, II.: 77-87, 1 Abb., 4 Taf.; Hamburg.

Mørch, O. (1874): Nye Tertiærforsteninger i Danmark. – Forhandlingerne ved de skandinaviske Naturforskeres, 11te Møde i Kjøbenhavn: 274-298; Kopenhagen.

Naturschutzgemeinschaft Sylt - Nordfriesland e.V. [Hrsg.] (o. J.): Das Naturschutzgebiet Morsum-Kliff. Eine Sylter Landschaft. – Schriftenreihe der Naturschutzgemeinschaft Sylt - Nordfriesland e.V., 1: 31 S., zahlr. Abb.; Westerland.

Neben, W. & Krueger, H.-H. (1979): Fossilien kambrischer, ordovizischer und silurischer Geschiebe. – Staringia, 5: 63 S., Taf.110-164; Oldenzaal.

Nordmann, V., Jessen, K. & Milthers, V. (1923): Quartärgeologische Beobachtungen auf Sylt. – Meddelelser far Dansk geologisk Forening, 6 (15): 3-39, Kopenhagen.

Rhebergen, F. (2009): Ordovician sponges (Porifera) and other silicifications from Baltica in Neogene and Pleistocene fluvial deposits of the Netherlands and northern Germany. – Estonian Journal of Earth Sciences, 2009, 58 (1): 24-37, Abb. 1-14; Tallin.

Rhebergen, F., Eggink, R., Koops, T. & Rhebergen, B. (2001): Ordovicische zwersteensponzen. – Staringia, 9 / Grondboor en hamer, 55 (1): 144 S., 68 Abb., 43 Taf.; Tilburg.

Rohde, A. (2007): Fossilien sammeln an der Ostseeküste. – 1-224, zahlr. Abb.; Neumünster.

Rohde, A. (2008): Auf Fossiliensuche an der Ostsee. – 1-272, zahlr. Abb.; Neumünster.

Rudolph, F. (1997): Geschiebefossilien. Teil 1: Paläozoikum. – Fossilien, Sonderheft 12: 64 S., 3 Tab., 28 Taf.; Korb.

Rudolph, F. (2011): Noch mehr Strandsteine. Sammeln und Bestimmen von Steinen an der Nord- und Ostseeküste und im Binnenland. 2. Auflage. – 224 S., zahlr. Abb., Neumünster.

Rudolph, F. (2011): Strandfunde. Sammeln & Bestimmen von Tieren und Pflanzen an Nord- und Ostseeküste. 5. Auflage. – 160 S., 170 Abb.; Neumünster.

Rudolph, F. (2012): Strandsteine. Sammeln und Bestimmen an der Ostseeküste. 11. Auflage. – 160 S., zahlr. Abb.; Neumünster.

Rudolph, F. (2014): Kleine Fossilien am Strand entdecken. – 144 S., 400 Abb.; Neumünster.

Rudolph, F. (2015): Naturführer Ostsee. Tiere - Pflanzen - Steine. – 144 S., zahlr. Abb.; Neumünster.

Rudolph, F. (2017): Das große Buch der Strandsteine. Die 300 häufigsten Steine an Nord- und Ostsee. – 300 S., zahlr. farbige Abb.; Neumünster.

Rudolph, F. (2018): Welche Fossilien sind das? – 288 S., 402 Abb.; Stuttgart.

Rudolph, F. (2023): Was finde ich an Meer und Strand? – 184 S., zahlr. Abb.; Hamburg.

Rudolph F. (2024): Welche Versteinerungen finde ich an Meer und Strand? – 192 S., zahlr. Abb.; Hamburg.

Rudolph, F. & Bilz, W. (2000): Geschiebefossilien. Teil 2: Mesozoikum. – Fossilien, Sonderheft 14: 64 S., 24 Taf.; Korb.

Rudolph, F., Bilz, W. & Pittermann, D. (2017): Fossilien an Nord- und Ostsee. Finden und Bestimmen. 2. Auflage. – 320 S., mehr als 800 Abb.; Wiebelsheim.

SCHALLREUTER, R & HINZ-SCHALLREUTER, I. (2013): Der Öjlemyrflint (Ordoviz) als Mikrofossillagerstätte. – Geschiebekunde aktuell, 29 (4): 105-135, 15 Abb.; Hamburg / Greifswald.

SCHULZ, W. (2003): Geologischer Führer für den norddeutschen Geschiebesammler. – 508 S., zahlr. Abb.; Schwerin.

SCHWARZER, K. (1985): Neues zur Stauchungszone vom Morsum-Kliff/Sylt.– Meyniana, 37: 77-87; Kiel.

SCHWARZHANS, W. & VON DER HOCHT, F. (2023): New otolith assemblages from the Miocene of the North Sea Basin and their biostratigraphic significance. – Cainozoic Research, 23 (2): 189-227, 6 Abb., 1 Tab., 5 Taf.; Weikersheim.

SÖRENSEN, G. (1982): Ein pathologischer Hindia? – Grondboor en Hamer, 3: 70-71, 1 Abb.; Oldenzaal.

SÖRENSEN, G. (1988): Geschiebeschwämme. – Fossilien, 5 (2): 82-85, 7 Abb., Korb.

STAESCHE, K. (1930): Zur Gliederung des obermiozänen Glimmertons. – Jahrbuch der Preußischen Geologischen Landesanstalt, 51: 55-87; Berlin.

STOLLEY, E. (1905): Das Alter des nordfriesischen „Tuuls". – Neues Jahrbuch für Mineralogie, Geologie und Paläontologie, Beilage-Band, 12: 139-182, 3 Taf.; Stuttgart.

STOLLEY, E. (1906): Quartär und Tertiär auf Sylt. – Neues Jahrbuch für Mineralogie, Geologie und Paläontologie, 1905 (1): 15-32, 1 Taf.; Stuttgart.

STOLLEY, E. (1912): Nochmals das Quartär und Tertiär auf Sylt. – Neues Jahrbuch für Mineralogie, Geologie und Paläontologie, 1912 (1): 157-183, 2 Taf.; Stuttgart.

STOLLEY, E. (1929): Geologica varia von den Nordseeinseln. – Jahresbericht des Niedersächsischen geologischen Vereins zu Hannover, 22: 31-111; Hannover.

STOLLEY, E. (1938): Über das Morsumkliff auf Sylt und die Hipparion-Frage. – Zentralblatt f. Min. etc, Abt. B, 6: 191-207; Stuttgart.

VON HACHT, U. (1975): Über vermutlich Mindel-eiszeitliche Windkanter-Linsen oberhalb des Kaolinsandes im Roten Kliff von Sylt. – Der Geschiebesammler, 9 (2): 55-58, 1 Abb.; Hamburg.

VON HACHT, U. (1982): Über Geschiebe-Achate und Quarzdrusen aus Braderup/Sylt. – Grondboor en Hamer, 5: 123-129, 10 Abb.; Oldenzaal.

VON HACHT, U. (1984): Geschiebe-Achate von Sylt. – Der Geschiebesammler, 18 (1-2): 37-46, Taf 1-2; Hamburg.

VON HACHT, U. [Hrsg.] (1985): Fossilien von Sylt. – 131 S., zahlr. Abb., 30 Taf.; Hamburg.

VON HACHT, U. [Hrsg.] (1987): Fossilien von Sylt. II. - 327 S., 43 Abb., div. Tab., 74 Taf.; Hamburg.

VON HACHT, U. [Hrsg.] (1990): Fossilien von Sylt. III. – 338, 23 Abb., div. Tab., 80 Taf.; Hamburg.

WETZEL, W. (1929): Geologischer Führer durch Schleswig-Holstein. – 179 S., 36 Abb.; Berlin.

WETZEL, W. (1931): Die Sedimentpetrographie des Sylter Tertiärs. (Beiträge zur Erforschung des kretazischen und tertiärem Undergrundes des Baltikums, II). – Schriften des Naturwissenschaftlichen Vereins für Schleswig-Holstein, 19: 204-233, Taf. 14-17; Kiel.

WETZEL, W. (1937): Neue Beobachtungen am Jungtertiär von Sylt. – Jahresbericht des Niedersächsischen geologischen Vereins zu Hannover, 28: 74-104, 1 Abb., Taf. 14-16; Hannover.

WEYL, R. (1955): Das Alter des Sylter Kaolinsandes. – Eiszeitalter und Gegenwart, 6: 5-15, 2 Abb.; Öhringen.

WIMAN, C. (1901): Über die Borkholmer Schicht im Mittelbaltischen Silurgebiet. – Bulletin of the Geological Institution of the University of Upsala, 5: 149-222, Taf. 5-8, 11 Abb., 1 Tab.; Upsala.

WIRTZ, D. (1949): Die Fauna des Sylter Crag und ihre Stellung im Neogen der Nordsee. – Mitt. Geol. Staatsinst. Hamburg, 19: 57-76, 3 Taf.; Hamburg.

WOLFF, W. (1910): Die Entstehung der Insel Sylt. – 64 S., 16 Abb. auf 8 Taf.; Halle a. S. und Westerland a. Sylt.

ZEISE, O. (1891): Beitrag zur Geologie der nordfriesischen Inseln. – Schriften des Naturw. Vereins für Schleswig-Holstein, 8 (2): 145-161, Taf. 1; Kiel.

Internet:

www.beachexplorer.org
www.insel-sylt.de
www.nabu.de
www.nationalpark-wattenmeer.de
www.naturschutz-sylt.de
www.schleswig-holstein.,de
www.schutzstation-wattenmeer.de
www.sylt.de
www.sylt-tv.com

System	Epoche	Stufe	Zeit	Sylt	
Quartär	Pleistozän		0,0117–2,6	Gletscherschrammen, Windkanter	Zeitangaben in Millionen Jahren.
Neogen	Pliozän	Scaldisium	2,6–3,6	Kaolinsand	
		Kattendijkium	3,6–5,3		
	Oberes Miozän	Morsumium	5,3–7,5	Limonit-Sandstein	
		Syltium	7,5–8,5	Oberer Glimmerfeinsand	
		Gramium	8,5–10	Oberer Glimmerton	
Ordovizium	Oberes Ordovizium	Katium	446–453	Öljemyrflint	
		Sandbium	453–458	Lavendelblauer Hornstein, verkieselte Schwämme	

Zeitangaben, Epochen- / Seriennamen nach: Deutsche Stratigraphische Kommission (Hrsg.; Koordination und Gestaltung: HENDRICH A. & MENNING M. (2022): Stratigraphische Tabelle von Deutschland Kompakt 2022 (STDK 2022); Potsdam.